PRE-STEP
10

プレステップ

基礎ゼミ

川廷宗之・川野辺裕幸・岩井洋／編

渡辺利夫／シリーズ監修

弘文堂

この本を手に取られるみなさんへ

　大学への入学おめでとうございます。
　みなさんは大学での学問にさまざまな夢や希望を抱いていることでしょう。そこで、まず習得していただきたいことが2つあります。
　1つは、生涯学び続けていくための学びの方法です。これはリテラシーとも呼ばれます。もう1つは、学んだ内容を卒業後のみなさんの人生や職業などの社会的活動にどう結び付けていくのかという、学習目的や内容の確認です。

　大学で学ぶ内容には、それぞれの学部で学ぶ専門的領域のほか、社会人として身につけておくべき基礎的領域があります。このテキストは、日常生活を含めた基礎的領域を素材として、さまざまなリテラシーを学べるように配慮して構成されています。簡単そうに見えるかもしれませんが、やってみるとむずかしい課題もたくさん含まれています。

　複雑さを増した21世紀の社会で、みなさんが1人の地球市民として生きていくためには、基礎的な知識だけではなく、応用可能で実践的な学習能力を身につけておく必要があります。大学での学びを充実させ、夢をかなえるためにも、ぜひ早い段階でこの能力を身につけていただきたいと思います。
　これからの社会がどうなるかは誰にもわかりませんし、みなさんの人生にもいろいろなことがあるでしょうが、生涯にわたって学習は続くことを、ぜひ覚えておいてください。どんな局面にも対応できる理性を身につけ、必要な情報を適切に処理する能力があれば、困難な問題も乗り越えられるでしょうし、充実した人生を楽しめる確率も高くなります。その第一歩として、ぜひこの本の学習プログラムに取り組んでみてください。

　この本を手にとり学ばれるみなさんが、自ら学ぶことの楽しさを知り、充実した人生に歩み出すことを、編者・執筆者一同、強く願っています。

編者を代表して　川廷　宗之

川廷宗之・川野辺裕幸・岩井洋編
『プレステップ基礎ゼミ』

● 目　次

この本を手に取られるみなさんへ
本書の使い方　8
登場人物プロフィール　9

第1章 ● さあ、はじめよう──イントロダクション ……………………… 10
Study01-1　ゼミとは何か？　11
Study01-2　履修登録と単位　14
Study01-3　なぜ復習が大切なのか？　15
Study01-4　4年間大学にいたら自動的に卒業できるのか　16
Study01-5　シラバスを見よう　16

第2章 ● 勉強のリズムを作ろう──大学生活に慣れましたか？ ……………… 18
Study02-1　優先順位を考えよう　20
Study02-2　大学生の平均生活時間　22

第3章 ● 大学で学ぶということ──学ぶことは人生を創造していくこと ………… 28
Study03-1　学習権宣言を読む　29
Study03-2　大学での学習を楽しむ　35

第4章 ● 困ったことはありませんか？──学習を支える心と体の健康 ……… 37
Study04-1　「よい睡眠」と「よい食事」が学習を支える　39
Study04-2　多くの新入生は困っていることが同じ　41
Study04-3　質より量（ブレーンストーミング法）　41
Study04-4　ブレーンストーミングから課題解決へ（KJ法）　43
Study04-5　困ったらどこに行く（学生相談の利用）　43

第5章 ● 大学生活はワンダーランド──カルトと消費者問題 …………………… 46
Study05-1　金銭問題を超えて　48
Study05-2　被害を防ぐために　50
Study05-3　善意だけとは限らない　51

第6章 ● 自分を守る、他人を守る──法と人権 ……………………………… 54
Study06-1　肖像権について考える　56
Study06-2　セクハラとは何か？　57
Study06-3　セクハラという言葉の背景　58
Study06-4　セクハラが起こってしまったら　59

第7章 ● キャンパスツアー──フィールドワークで再発見 …………………… 61
Study07-1　フィールドワークとは何か？　62
Study07-2　モバイル・リサーチのすすめ　63

Study07-3 観察力を身につけよう　65
Study07-4 犯罪捜査と仮説力　66

第8章 ● 生活プランをどう立てるか——生活するということ　68
Study08-1 コンセプトマップとは　71
Study08-2 大学生の平均生活費　74

第9章 ● 卒業したらどうするか——働くということ　77
Study09-1 働くことの意味　79
Study09-2 仕事と私の関係　81
Study09-3 組織で働くための能力と大学生活　82

第10章 ● 生活と人生のデザイン——ライフデザインを描くということ　84
Study10-1 未来予想図の意味　85
Study10-2 旅行計画とライフデザイン　86
Study10-3 逆算と見直し　89
Study10-4 問題発見の仕方・研究課題の見つけ方　90

第11章 ● 研究テーマを考える——問題発見・問題解決型学習1　94
Study11-1 問題発見・問題解決型学習とは何か？　97
Study11-2 グループ学習の進め方　100
Study11-3 資料の収集とデータのまとめ方　102

第12章 ● 研究を進める——問題発見・問題解決型学習2　108
Study12-1 問題解決の方法　109
Study12-2 レジュメのまとめ方　113

第13章 ● 研究報告をまとめる——問題発見・問題解決型学習3　115
Study13-1 スライド資料の作り方　116
Study13-2 プレゼンテーションしよう　120

第14章 ● プレゼンテーションとレポート——問題発見・問題解決型学習4　122
Study14-1 プレゼンテーションの前に　123
Study14-2 プレゼンテーションのポイント　123
Study14-3 レポートのまとめ方　127

第15章 ● 基礎ゼミを振り返って——人生という学びの場に向けて　132
Study15-1 社会人基礎力とは　133

あとがき　139
索引　140
コラム一覧　141

Work 一覧

Work01-1●自己紹介をしよう　11
Work01-2●時間割を作ってみよう　12
Work01-3●ポートフォリオを作ろう　17

Work02-1●１週間の予定表を作ろう　19
Work02-2●時間割について意見交換しよう　21

Work03-1●学習権宣言のどこが重要か　31
Work03-2●グループで意見交換しよう　31
Work03-3●学習権宣言から学ぶ　32

Work04-1●困った度ランキング　38
Work04-2●困ったことについてグループで話し合おう　40
Work04-3●解決策を探る　42

Work05-1●自分ならどうするか考えよう　47
Work05-2●相談先を調べてみよう　47
Work05-3●相談されたらどうする？　50

Work06-1●健太君の行動について、あなたはどう思う？　55
Work06-2●盗電と借電　55
Work06-3●あなたならどうする？　57

Work07-1●お気に入りの場所について語ろう　62
Work07-2●キャンパスをフィールドワークする　63
Work07-3●プレゼンテーションしよう　64

Work08-1●コンセプトマップで「見える化」する　69
Work08-2●コンセプトマップで問題の解決策を考える　70
Work08-3●解決策を発表しよう　72
Work08-4●自分の生活費　73

Work09-1●働くことの意味を考える　78
Work09-2●もし３億円当たったら？　78
Work09-3●さまざまな仕事を知る　80

Work10-1●社会の未来予想図　85
Work10-2●私の未来予想図　87
Work10-3●未来予想図をシェアしよう　88
Work10-4●学んだことをシェアしよう　88
Work10-5●行動計画を立てる　89

Work11-1●メインテーマとサブテーマを決めよう　95
Work11-2●問題解決の方針を整理しよう　102
Work11-3●資料収集の役割分担　105

Work12-1●情報を持ち寄って分析する　111
Work12-2●作成分担を決め、レジュメを作る　113

Work13-1● 持ち寄ったレジュメを点検する　116
Work13-2● PowerPoint を使おう　119

Work14-1● 全体プレゼンテーションに参加する　127
Work14-2● レポート作成　130

Work15-1● 90秒スピーチ　133

ワークシート一覧

ワークシート01-1 ● 時間割を作ってみよう　13・19
ワークシート03-1 ● 学習権宣言のどこが重要か　31
ワークシート03-2 ● 学習権宣言から学ぶ　33〜34
ワークシート04-1 ● 1週間の生活リズム表　24
ワークシート04-2 ● 困った度ランキングリスト　39
ワークシート05-1 ● 相談先リスト　47
ワークシート05-2 ● トラブル別・相談機関リスト　53
ワークシート06-1 ● 他にもハラスメントはある?!　60
ワークシート08-1 ● 生活費の現状と改善案　45・73
ワークシート08-2 ● コンセプトマップ　70
ワークシート08-3 ● 生活費の改善点　74
ワークシート09-1 ● 働く喜びと苦労　75・78
ワークシート09-2 ● 宝くじが当たったら　78
ワークシート09-3 ● 職業のタイプ、私のタイプ　81
ワークシート10-1 ● 社会の未来予想図　82・86
ワークシート10-2 ● 自分の未来予想図　87
ワークシート10-3 ● 20年後から逆算した行動計画　90
ワークシート10-4 ● いま興味のあること　92
ワークシート11-1 ● 情報収集分担表　105
ワークシート14-1 ● プレゼンテーション・コメント用紙　126
こづかい帳　45
データシート　138

さらに学びたい人のために

● 発表の仕方・入門編　17
● 賢いノートの取り方　26
● 国際宣言　36
● 働くことについて考えるための本と映画　76
● 企業は学生のどこを重視しているか　83
● 人生と計画について考えるための本と映画　93
● 情報の検索とまとめ方　106
● 論証のための方法　114
● 発表のリハーサル　121
● 研究と報告に必要なパソコンソフト　131
● 未来への視点　136

本書の使い方

この章のねらい	各章のはじめに、この章で学ぶ主なテーマを列挙します。
Scene	健太君と美咲さんのキャンパスライフから、章のテーマについて考えるためのエピソードを紹介します。
Study	この章で学んでほしいポイントや、Work について解説しています。よく読んで理解してください。
Work	演習（アクティブ・ラーニング）の課題です。先生の指示に従い、point を参照しながらやってみましょう。
ワークシート	Work に使ったり、Homework の課題となったりするシートです。実際に書き込んで提出するためのシートは先生から配布されます。弘文堂のウェブサイトにもアップしています。
Homework	予習または復習課題です。予習の場合は指定された回の講義までに必ず準備してきてください。
さらに学びたい人のために	章のテーマをより深く理解するための情報や、リテラシー能力を高めるためのスキルです。ぜひチャレンジしてみてください。
ヒント	困ったときのお助けアイデアです。
Column（コラム）	気分転換に読んでみてください。
はみだしコラム	みなさんに読んでいただきたい人生の先輩の言葉を集めました。

登場人物プロフィール

健太君
大学入学と同時にアパートでひとり暮らしを始めました。両親からの仕送りだけでは生活できないので、夕方から深夜までアルバイトをしています。もう少し余裕ができたらサークル活動もやってみたいし、もちろん授業もきちんと受けたいのですが、慣れない生活にとまどっています。前向きな性格が自慢なのですが、先日はゴミの分別を間違えて大家さんに注意され、うまくやっていく自信をなくしてしまいました。

美咲さん
両親・弟と一緒に住む自宅から片道80分かけて通学しています。サークルに入ったら、まわりの女性がみんなおしゃれで気後れしてしまいました。もっと服や化粧品を買いたいのですが、両親にこれ以上の金銭的負担はかけられず、アルバイトを始めました。通学時間が長いのでバイトのある日は授業の予習ができないのが心配です。サークルの仲間に相談すると性格がまじめすぎると笑われ、このままでは友人ができないのではないかと悩んでいます。

Microsoft®, PowerPoint®, Word®, Excel®, Outlook®は米国 Microsoft Corporation®の米国およびその他の国における登録商標または商標です。Microsoft Corporation®のガイドラインに従って画面写真を使用しています。
一太郎®は株式会社ジャストシステムの登録商標（商標）です。
PSP®は株式会社ソニー・コンピュータエンタテインメントの登録商標です。
iPod®は Apple Inc. の商標です。
マインドマップ®は一般社団法人ブザン教育協会の登録商標です。
KJ法®は（株）川喜田研究所の登録商標です。
ポストイット®は 3M 社の登録商標です。
このほか、記載されている製品名は各社の登録商標または商標です。
なお、本文中では®は割愛しています。

第1章 さあ、はじめよう
──イントロダクション

この章のねらい
- ゼミの仲間の名前と顔を覚えよう。
- ゼミの進め方について理解しよう。
- 大学の基本的な仕組みについて知ろう。

Scene●01　はじめてのゼミ

　新入生の健太君と美咲さんは、入学前のオリエンテーションで知り合いになりました。大学生活の第1日目をむかえた2人は、授業開始5分前に101演習室に到着しました。部屋のドアをあけると、2人はすぐに何か重い雰囲気を感じ取りました。ロの字型に並べられたテーブルのまわりに、10人ほどの学生が腰かけています。そして、みんな一様に黙って、誰に何をどのタイミングで話しかけてよいものなのか、わかりかねて困っている様子です。健太君と美咲さんは、空いている隣同士の席に腰かけ、周りの学生たちに小さい声で「こんにちは」と言って、軽く会釈をしたものの、周りからはあまり反応がありません。

　健太君と美咲さんは、初対面のメンバーの中で、うまくやっていけるかどうか、急に不安を感じました。それに、大学の単位や履修登録などの仕組みについても、ガイダンスを聞いたものの、いまひとつわかりません。「ゼミの先生はどんな人なのか」「先生はみんなの質問に答えてくれるだろうか」「わからないのは、ひょっとして自分だけなのかもしれない」など、不安ばかりがつのります。

　そうこうしているうちに、先生らしき人物が教室に入ってきました。やがて、始業のチャイムが鳴り、第1回目のゼミがはじまりました。

第1章 さあ、はじめよう

> さあ、大学生活ではじめてのゼミがはじまります。
> この章では、大学生活をはじめるにあたって知っておくべきことや、ゼミを進めていくうえで準備しておくべきことなどについて確認していきます。
> また、これから同じゼミで学んでいく仲間との、人間関係づくりの第一歩を踏み出しましょう。仲間のことを知るとともに、自分のことを仲間に伝えることで、お互いを理解する第一歩がはじまります。

自己紹介をしよう　　Work・01-1

まず、自己紹介をしてみましょう。ただし、自分の紹介をみんなにするのではなく、仲間の自己紹介を聞いて、仲間のことを紹介してください。これは、自己紹介に対して、他己紹介と呼ばれるものです。自分のことを伝えるだけではなく、仲間の言葉にも、注意深く耳を傾ける必要があります。

point

① 全員起立し、隣の人とペアになります。メンバーの数が奇数の場合は、3人のグループでもかまいません。
② 握手をしながら、「はじめまして。〇〇です」と互いに挨拶します。
③ 着席します。
④ ペアのうちの1人が、もう1人に対して、1分間で自己紹介をします（自己紹介の内容は、出身高校、趣味、血液型、星座など、なんでもかまいません）。
⑤ 同様に、もう1人が1分間の自己紹介をします。
⑥ 相手の自己紹介の内容で不明な点や聞きのがした点などを、互いに質問して明確にします（1分間）。
⑦ ペア順に、相手のことを紹介します。
⑧ 紹介が終わるごとに、歓迎の意味をこめて拍手をします。
⑨ すべての紹介が終わり、他の仲間について聞きたい質問があれば、「〇〇（自分の名前）です。□□（相手の名前）さんに質問です」と告げ、質問します。
⑩ 質問された人は、その質問に答えます。

Study・01-1　ゼミとは何か？

ここまで、**ゼミ**という言葉について、なにも説明をせずに使ってきました。では、ゼミとは一体なんなのでしょう？

ゼミナール
(独) Seminar

　ゼミとは、もともとドイツ語のゼミナールという言葉からきています。日本語では演習と訳されています。一般には、教授などの指導のもとで、少人数の学生が特定の研究テーマについて、研究・報告・討論をする参加型の授業を意味します（表1-1 参照）。

　ゼミナールの起源は、19世紀ドイツのベルリン大学を中心に行われていた、教育方法にあるといわれています。当時、「研究を通じての教育」という理念があり、教授と少人数の学生がともに研究を行い、その研究成果を発表し、討論するという教育方法がとられました。したがって、教授と学生には、ともに新しい知識を創造するという熱意がありました。

　もちろん、1年生のゼミにおいて、高度な研究成果を求めるわけにはいきません。しかし、受け身の姿勢ではなく、主体的に自分の意見を伝えるという積極性だけは持っていたいものですね。

表1-1　3つの授業形式

形式	規模	内容
講義	少人数～大人数	教授が学生に向けて一斉に授業する。
ゼミ（演習）	少人数	特定のテーマに関する学生の報告と、それに対する討論からなる授業。
実習・実験	少人数	体験学習、調査や実験の結果をレポート等にまとめる。

時間割を作ってみよう　　　Work•01-2

　高校までと違って、大学では時間割を自分で作る必要があります。大学では、決められたルールを守れば、ある程度自由に好きな授業を受けることができますが、自分から選択した以上、そのことに責任をとらなければいけないことも自覚しておきましょう。では、ワークシート01-1の時間割を作成してみましょう。

　時間割を作成する際に重要なことは、必修科目、選択必修科目、選択科目の順番に埋めていくことです（表1-2 参照）。必修科目は、それぞれの学部・学科で、卒業するまでに、必ず身につけてほしい知識や技能を学ぶ科目として設定されています。したがって、必修科目を取っていないと、自動的に卒業できない仕組みになっています。注意しましょう。

表1-2　科目の種類

科目の種類	内容
必修科目	必ず取らなければならない科目
選択必修科目	いくつかの科目から、必ず取らなければならない科目
選択科目	自由に選択することができる科目

科目の種類
大学によって科目の構成は違う。ここでは代表的な科目の種類を説明している。

　登山の目標は山頂と決まっている。しかし、人生の面白さはその山頂にはなく、かえって逆境の、山の中腹にある。
（作家　吉川英治）

第1章●さあ、はじめよう

ワークシート ◆ 01-1　時間割を作ってみよう						
	月	火	水	木	金	土
1時間目 ：　〜　：						
2時間目 ：　〜　：						
3時間目 ：　〜　：						
4時間目 ：　〜　：						
5時間目 ：　〜　：						

上段：科目名（単位数）、中段：教室名　　　　　　　　　　　　　　　　　　　　合計（　　）単位

point

① 時間割の記入欄は、上下三段に分かれています。今回は、上段と中段に記入します。
② 時間割の上段に、**科目名**を書いてください。
③ 科目名の横に、**単位数**を（　）に入れて書いてください。
　　例：基礎演習（2）、英会話（1）
④ 必修科目については、科目名の前に◎をつけてください。
⑤ 時間割の中段に**教室名**を書いてください。
⑥ 下段は空欄にしてください。第2章で使います。

> ワークシートはプレステップシリーズのウェブサイトにもアップしています。（8頁参照）

　すべての科目の記入が終わったら、**単位数**を合計し、右下に記入しましょう。大学によっては、1年間（あるいは半期）に取ることのできる単位数の上限が決められている場合があります（履修単位制限）。もし、上限がある場合、合計単位数を参考にしてください。
　また、履修単位制限に関わらず、1年次からあまり授業を詰め込みすぎるのも考えものです。高校での45分（あるいは50分）授業から、大学では急に90分授業に変わるわけですから、授業のペースをつかむのには、少し時間が必要です。その間に授業についていけなくなると、全体に成績も低下する可能性があります。最初は、余裕をもって授業の計画を立てましょう。

自分に出会えない人生は、他者とも出会えない。　　　　　　　（映画監督・俳優　伊丹十三）

Study・01-2　履修登録と単位

　時間割が完成したら、それをもとに**履修登録**をする必要があります。履修登録とは、自分が受けたい授業（あるいは受けなければいけない授業）を、前もって登録することです。登録の方法は、大学によってさまざまです。マークシートにマークをする方法や登録用紙に必要事項を記入する方法、インターネットを使ってオンラインで登録する方法もあります。また、注意しておきたいのは、履修登録には期限があるということです。この期限を守らないと、登録が受け付けられませんので、授業を受けることができません。

　履修登録には、大学や教員が、それぞれの科目の受講生を記録し把握しておくという、実務的な意味があります。しかし一方では、自分の学ぶことに対して、学生自身が責任感をもつという意味もあります。つまり、自分が受ける授業について、責任をもって自己申告するわけです。

　さて、履修登録が完了すれば、当然ながら、それで終わりではありません。図1-1に示すように、登録した授業に出席して学習し、テストやレポートなどに合格し、はじめてその科目を「履修した」といえます。その結果、それぞれの科目に定められた単位を取得することになります。

図1-1　履修登録から単位取得まで

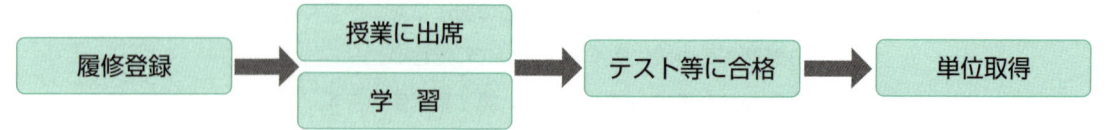

履修登録　→　授業に出席／学習　→　テスト等に合格　→　単位取得

　単位とは、それぞれの科目で学習した量をあらわすものです。通常、90分の授業が15回で「2単位」としてあらわされます。この意味をもう少し詳しくいうと、こうなります。日本のすべての大学が守るべきルールのひとつである**大学設置基準**には、通常の講義や演習の場合、45時間の学修内容をもって1単位とする、と書かれています。したがって、もし「2単位」の科目だとすれば、「45時間×2単位」で90時間の学修内容を必要とすることになります。通常、90分授業は「2時間」に読みかえて考えられていますが、それでも、「2時間×15回＝30時間」で、90時間まではるかに及びません。では、「90時間—30時間」の60時間はどこに行ったのでしょうか。じつは、15回の授業の前後に、予習・復習を2時間ずつすることが想定されて

山は西からでも東からでも登れる。自分が方向を変えれば、新しい道はいくらでも開ける。
（パナソニック創業者　松下幸之助）

います。すると、「予習2時間＋授業2時間＋復習2時間＝6時間」が15回ですから、ちょうど90時間になります。しかし、この計算方法は現実的ではありません。なぜなら、もし1日に3つの科目を取っていたとしたら、その前後になんと12時間もの予習・復習が必要になってしまうからです。

Study・01-3　なぜ復習が大切なのか？

90分授業が1回につき、前後4時間の予習・復習というのは、たしかに現実的ではありません。しかし、だからといって、予習・復習が不要であるということにはなりません。

ドイツの心理学者、H. エビングハウスは、実験から忘却と時間の関係を図1-2のように示しました。これは、**エビングハウスの忘却曲線**と呼ばれるものです。エビングハウスによると、物事を記憶しても、1時間後には約半分、1日後には約70％、その内容を忘れてしまうといいます。ただし、この説の根拠となる実験は、「子音・母音・子音」の組み合わせからなる「無意味綴り」（意味のない綴り。たとえば YUK、MIH、RAL）を使用していたので、実際に学習者が教室などで学ぶ内容とは異なります。また、学習内容や学習者の能力によって、この曲線は変化します。とはいえ、エビングハウスの研究は、われわれは記憶したことをすぐに簡単に忘れてしまう、という一般的な傾向を明らかにしています。

エビングハウス
（Hermann Ebbinghaus
1850-1909）

図1-2　エビングハウスの忘却曲線

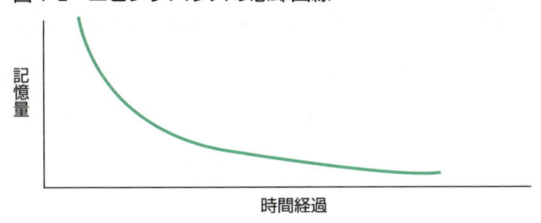

そこで、復習することの重要性があきらかになってきます。記憶した内容を忘れかけたときに（その日か翌日のうちに）、復習をしておくことで、忘れるのを防ぐことができます。

才能は食卓塩よりも安い。才能ある人と成功者の差は、努力の量だ。　（作家　スティーブン・キング）

Study・01-4　4年間大学にいたら自動的に卒業できるのか

　履修登録に関連して、「4年間大学にいたら自動的に卒業できるのか？」ということについて考えてみましょう。通常、大学には124〜126単位の**卒業要件単位**というものが定められています。これは、大学を卒業するのに必要な単位数のことです。したがって、4年間大学にいても、この卒業要件単位を下回る単位しか取得していない場合、卒業はできません。

　ところが逆に、卒業要件単位を大幅に超える単位数（たとえば200単位）を取得していたとしても、卒業できない場合があります。それは、**必修単位**をひとつでも取得していない場合に起こります。就職まで内定しているのに、たった数単位不足しているために卒業できなかった、などという話をよく聞きます。くれぐれも気をつけましょう。

Study・01-5　シラバスを見よう

シラバス
（英）syllabus

　時間割の作成や履修登録の際に、役に立つのが**シラバス**です。シラバスとは、大学で開講されている授業について、科目ごとに説明したものです。その形態は、大学によって異なり、冊子やルーズリーフのかたちで提供している場合、オンラインで見る場合など、さまざまです。

　シラバスには、科目名、単位数、必修・選択の別、開講時期（前期・後期・通年、あるいは春学期・秋学期・通年など）、配当年次（1年次・2年次・3年次・4年次）、科目概要、授業スケジュール、使用するテキスト（あるいは推薦図書）、評価方法（テスト、レポート、平常点など、評価の方法）、その他の注意事項、などが書かれています。これらの情報は、履修する科目を選択するときに役立ちます。ぜひ、活用してください。

平常点
授業への取り組み状況など。

ポートフォリオ
（英）portfolio

> **HOME WORK 01**
> 1. 仮の時間割を完成させましょう。
> 2. 次回までにポートフォリオを用意しましょう。

人生は掛け算だ。どんなにチャンスがあっても自分がゼロなら意味がない。　　（イラストレーター　みつる）

ポートフォリオを作ろう　　Work・01-3

　第2章以降、ポートフォリオというものを使いながら、ゼミを進めていきます。ポートフォリオとは、もともと紙ばさみや折カバンのことをさします。また、金融業界では金融商品の組み合わせをさし、デザイナーや写真家の世界では作品集をさします。しかし、ここではみなさんの学習成果をファイルしたものをさします。

　今後、ゼミで使用したワークシートや課題などを、紙ファイルに保存していくことにします。この紙ファイルをみることで、自分の成長を確かめることができます。もし、なかなか成長を確かめることができないなら、何が課題なのかを考える手がかりにもなります。そこで、次回までに、A4版の紙ファイルと2穴パンチを用意しましょう（いずれも100円ショップで簡単に手に入ります）。

さらに学びたい人のために

発表の仕方についてポイントを挙げておきます。
詳しくは121頁を参照してください。

発表の仕方・入門編
①配付資料（レジュメ）や参考資料、マイクなどは事前に準備しておきます。
②最初に必要事項（班名、研究テーマ、研究目的など）を述べます。
③言葉ははっきりと、声量や話すスピードにも気をつけます。
④内容はわかりやすく、説明の道筋や論理は明確にしましょう。
⑤報告時間は厳守します。あらかじめ練習して計っておくとよいでしょう。
⑥服装のTPOにも気をつけましょう。
⑦できるかぎり聴衆を見て話し、聴衆との対話を心がけます。
⑧自然な姿勢で立ち、適度に身振りをつけるとよいでしょう。

どんな仕事でも喜んで引き受けて下さい。やりたくない仕事も，意に沿わない仕事も，あなたを磨き強くする力を秘めいているからです。　　　　　　　　　　　　　　　　　（京セラ創業者　稲盛和夫）

第2章 勉強のリズムを作ろう
——大学生活に慣れましたか？

この章のねらい
- スケジュール表を作って、自分の生活をコントロールしよう。
- 授業について、みな同じ悩みや当惑を感じているはず。これを話し合おう。
- グループワークでは、まず授業で声を出す練習をしよう。

Scene・02　授業がない！

　新型コロナウイルスの影響で、2度目の緊急事態宣言が出されました。入学式もガイダンスも全部吹っ飛び、すべてリモートになりました。

　一週間が過ぎて、1年生はようやく一通りの授業を受けました。その授業たるや、先生によってまったく千差万別です。猛烈なスピードで話す先生、専門用語ばかりでよくわからない授業、先生の滑舌もあまりよくないし、ノートを採る前にどんどん次の画面に行ってしまうし。反対にぜんぜん資料を出してくれない先生は、話はおもしろいのだけれど、何をノートに採っていいのかわからない。そのうちについ眠くなってしまいます。

　健太君は、必修の授業で、先生の言っていることがぜんぜんわからなくて、早くもやっていけるのかどうか、自信がなくなってきました。毎回たくさんの課題が出されて、予習に長い時間をとられる授業があるかと思うと、ただ出席して聞いていればよいような感じのする授業もあります。美咲さんは、その落差に戸惑っています。

　授業だけではありません。クラブやサークルに入らないかという友だちや先輩からの誘いもあるし、アルバイトもあるし、予習もある。これから大学生活をどう送っていけばいいのでしょうか。

第2章 ● 勉強のリズムを作ろう

さあ、本格的に授業が始まりました。いままでの学校と比べて、大学はずいぶん違っています。クラスはあってもホームの教室はないし、自分の机も決まっていません。選択科目ではメンバーも変わります。驚くことがたくさんあります。1週間のリズムを作ることが、大学生活にうまく入っていくための第一歩です。この章では、1週間の予定表を作りながら、勉強を中心に生活のリズムを作り始めるワークをします。

1週間の予定表を作ろう　　　　　　　Work・02-1

第1回目の授業に出て、「予習・復習をしないとついていけない」とか、「単位を取るのが難しそうだな」といった雰囲気がわかったはずです。そこで、これらの情報を前回作成した時間割に記入してみましょう。時間割の完成は、前回の宿題でしたね。

point ➡
① 時間割の記入欄の下段が空欄になっているはずです。
② 下段に授業の難易度を★の数で示しましょう（★★★：むずかしい、★★：ふつう、★：やさしい）。
③ ②を参考にして、予習や復習の時間を空欄に記入しましょう。
④ クラブ・サークル活動やアルバイトなどの予定を空欄に記入しましょう。

ワークシート ◆ 01-1

	月	火	水	木	金	土
1時間目						
2時間目						
3時間目						
4時間目						
5時間目						

ヒント●はじめは少しずつ
　どれもこれもやろうとすると時間が足りなくなります。とりあえずは全部書き入れますが、優先順位を決めて、最初はそれだけを、なれてきたら、もう少しというふうに、だんだんと密度を濃くしていくつもりでいたほうがパニックにならずにすみます。しなければならないことがたくさんあると、その数に圧倒されてしまって、どれも中途半端になってしまうものです。

Study・02-1　優先順位を考えよう

　充実した大学生活には、まず生活のリズムが必要です。クラブ・サークル、アルバイト、いろいろやりたいこともあるし、授業にも出なければならない。また、下宿生には食事の準備や洗濯もある。さまざまなことが入学と一緒に押しよせてきて、わけがわからなくなってしまうこともあります。生活のリズムを作るためには、予定表が必要です。そして、予定表の骨となるのが時間割です。Work 02-1 では、生活リズムを作るための下準備をしたわけです。

　さて、できあがった予定表は無理のないものになっていますか。大学の授業はまだはじまったばかりです。急に宿題が出されることもありますし、何が起こるかわかりません。そのためにも、少し余裕を持って予定表を作成する必要があります。あれもこれもと欲張って予定を入れてしまうと、時間が足りなくなります。そこで重要なのが**優先順位**をつけるということです。

　まず、しなければいけないことをすべて書きだしてみましょう。頭で考えて悩むより、書き出して**見える化**（可視化）するだけでも、ずいぶん気持ちが落ち着きます。次に、優先順位をはっきりさせることです。大学生活で優先することは、いうまでもなく勉強です。**①授業、②そのためにどうしても必要な予習・復習**を優先させると、勉強を中心として生活のリズムができてきます。さらに、勉強以外でやらなければいけないことにも、優先順位をつけていきます。すぐにやらなければならないこと、期日が決まっているものなどにグループ化し、優先順位ごとに予定表の中に入れてみましょう。こうやって予定表を作っていくと、しなければならないことが**見える化**されて、気持ちも落ち着き、生活の秩序ができてきます。

---

column　大学の先生になるには教員免許状がいらない

　大学の先生の授業はなぜこんなに個性的なのでしょうか。その理由の1つは学問研究の進め方のちがいにあります。じつは、大学の先生は専門分野での実績さえあれば、とくに資格は必要ないのです。幼稚園から高校までの先生には、教員免許が必要ですが、大学の先生には免許状がありません。もちろん基準はあります。文部科学省の「大学設置基準」では、たとえば、教授は、「博士の学位を持つもの」とありますが、「専攻分野について、特に優れた知識及び経験を有すると認められる者」でもいいことになっています。

失敗したことのない人間は成功することもない。たゆまざる挑戦が成功につながるからだ。

（陸上競技選手　カール・ルイス）

第 2 章●勉強のリズムを作ろう

時間割について意見交換しよう　　　Work・02-2

　3人のグループになって、時間割について話し合ってみましょう。共通する科目について、1人ずつ感想を話します。授業の進め方はどうか、内容は面白そうか、難易度はどうか、何か困ったことはあるか、などについて意見交換してみましょう。そして、その結果を発表しましょう。

point▶

① 3人のグループの中で、司会（リーダー）、記録係、発表者の役割を決めます。

② リーダーは、1人ひとりに発言を促す司会をします。必ず全員が発言できるように、発言が1人に片寄らないように気をつけます。時間の管理もリーダーの役割です。早すぎず、遅すぎず、決められた時間をフルに使ってグループとしての意見をまとめてください。

③ 記録係の仕事は、話し合いで出た事がらを配られた紙に書いていくことです。話し合いをうまく進め、あとの発表で参考になるように記録することが重要です。また、文章にするよりも、キーワードを書き出すほうが、話の流れを作るのに役立つと思います。

④ 一通り意見交換が終わったら、グループとしての発表の準備をします。意見交換した事がらの中から、トピックを1つだけ選んでください。

⑤ 発表の担当者は2分間で、選んだトピックについて発表してください。他のグループのトピックと重なる場合もありますので、予備のトピックを準備しておくとよいでしょう。

ヒント●発表は大きな声で、はっきり、ゆっくり

　初めての発表です。2分くらいの発表は、字数だと500字ぐらいになります。案外時間がありますよ。また、20名ぐらいの人を相手に発表する場合は、普通の会話より大きな声で、はっきり、ゆっくりと話すと、相手に伝わりやすくなります。

ヒント●メモや感想はあとで役に立つ

　ガイダンス講義のあとは、科目ごとに感想をメモしておくことをお勧めします。ガイダンスのときには先生が必要な情報を公開してくれます。「出席重視」「テストは持ち込み不可」「テストはなくてレポート」「遅刻すると怒られる」「優しそう」「単位はかなり厳しい」「宿題がある」等々、なんでもメモしておくと必ず役に立ちます。ただし、ガイダンスの雰囲気だけで、「楽勝」と判断してしまうと、あとでゾッとすることもあります。ガイダンスは先生にとってはショーケースですからちょっとよそ行きになっているかもしれません。

日本人は、失敗ということを恐れすぎるようである。どだい、失敗を恐れて何もしないなんて人間は、最低なのである。
　　　　　　　　　　　　　　　　　　　　　　　　（ホンダ創業者　本田宗一郎）

Study・02-2　大学生の平均生活時間

　平均といっても、1年生から4年生まで、学年によってずいぶん違っているでしょうが、世間の大学生の平均生活時間を知っておくことはいいかもしれません。日本学生支援機構の調査によれば、大学生の1週間の平均生活時間は次の通りです。

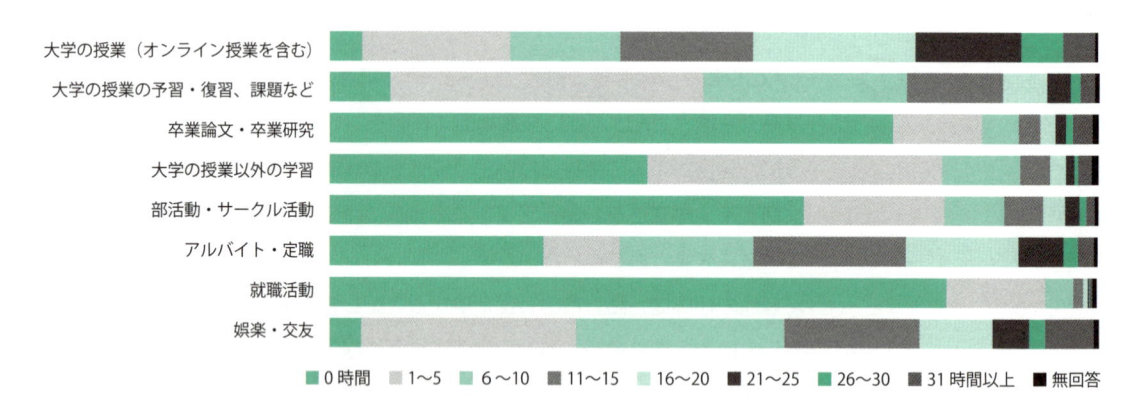

大学の授業（オンライン授業を含む）	
大学の授業の予習・復習、課題など	
卒業論文・卒業研究	
大学の授業以外の学習	
部活動・サークル活動	
アルバイト・定職	
就職活動	
娯楽・交友	

■ 0時間　■ 1〜5　■ 6〜10　■ 11〜15　■ 16〜20　■ 21〜25　■ 26〜30　■ 31時間以上　■ 無回答

　みなさんの平均的な睡眠時間はどのくらいでしょうか。厚生労働省の国民健康・栄養調査（令和2年）によると、1日の平均睡眠時間は、20歳以上の男女とも「6時間以上7時間未満」が最も多く、男性32.7%、女性36.2%です。「5時間以上6時間未満」が次に多くて男女ともほぼ30%ですが、6時間を切る人はやはり少数派です。週末にたくさん寝るから大丈夫という方がいますが、生活のリズムがくずれ、体内時計も不安定になります。平日の睡眠時間を見直し、できるだけ規則正しい生活を心がけましょう。

column
授業の仕方がばらばらなのは「学習指導要領」がないから？

　大学では、同じ科目名の授業でも、先生によってやり方や内容が違うことに気づいていますか。高校までとは違って、大学では先生によって内容の違う授業がとても多いのです。高校までは、大きな学校でも、先生方の授業は科目ごとにそれほど違いはありません。それは、「学習指導要領」といって、文部科学省が教科ごとに教える内容を定めているからです。大学にはそういう基準はありません。それが、先生によってユニークな授業が出てくる原因かもしれません。ただし、最近は、教える内容を統一したり、成績の分布を合わせたりと、大学として教育の質を保証する動きが盛んになっています。これをFD活動（Faculty Development：授業内容・授業方法の改善のために大学が行う組織的研究と研修）といいます。

PKを外すことができるのは、PKを蹴る勇気を持った者だけだ。（プロサッカー選手　ロベルト・バッジオ）

1日の平均睡眠時間

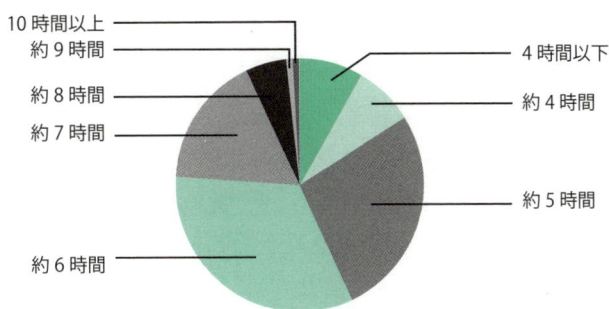

- 10時間以上
- 約9時間
- 約8時間
- 約7時間
- 約6時間
- 約5時間
- 約4時間
- 4時間以下

『東海大学キャンパスライフアンケート2009』より

　東海大学のアンケート調査によると、1・2年生の平均睡眠時間は約6時間が最も多く、全体の3分の1です。43％の人は睡眠時間が6時間以下ですので、日本人の平均からみても少ないことになります。

　深夜にパソコンを使ってサイトにアクセスしたり、友達とチャットしたりすると、思わず時間を忘れてしまったという経験は少なくありません。もちろん宿題がたくさん出て、そのレポートを書き終わるために夜更かしすることもあります。しかし、1週間の就寝時間がバラバラであったり、昼まで寝ていることはいけません。できるだけ起床時間は一定にし、睡眠は7時間確保したいところです。これによって授業中眠くならず、しっかり集中できます。

column　1年生は、出席とノートテークが命！

　1年生はふつう、一度も休まずに授業に出るものです。大学の授業は先生によってやり方が違っていますし、進み具合もばらばらですし、自分のクラスルームもないので、授業に出ていないと友だちとも会えません。授業に出ないと取り残される、という心配から出席率はとても高くなります。逆に、1年生で欠席の目立つ学生は、どこかで留年したり、最悪の場合は大学を続けられなくなります。欠席の理由の一番は朝寝坊。バイト、サークル、夜更かしなど、原因はさまざまですが、遅刻や欠席をすると授業に付いていけなくなります。あとで友だちにノートを借りても、よくわからないことが多いのです。友だちもまだ大学のノートの取り方になれていないからです。授業に付いていけなくなると、授業がおもしろくなくなってきて、だんだん大学に行くモチベーションが下がってきます。

　ですから、最初は「這ってでも授業に出る」ぐらいの覚悟をしてください。また、このあとの「さらに学びたい人のために」を読んで大学のノートの取り方のコツを覚えてください。「はじめからちゃんとはできないよ」という人にはひとつヒントを。「授業中は激しくノートを取る！」です。

挑戦すれば、成功もあれば失敗もあります。でも挑戦せずして成功はありません。何度も言いますが挑戦しないことには始まらないのです。
（プロ野球選手　野茂英雄）

HOME WORK 02

1週間の生活リズムを記録しましょう（4章へのHomework）

授業がある平均的な1週間を考えて、ワークシート04-1に生活記録を作成しましょう。起床時間、就寝時間、睡眠時間、また食事に関してはどんな感じだったでしょうか。これを作成することによって、1週間の生活リズムが確認できます。このワークシートは、第4回に使用しますので、各自のポートフォリオ（紙ファイル）に保存しておいてください。

ワークシート ◆ 04-1　1週間の生活リズム表

今週の目標	

	月／日	起床	就寝	睡眠時間 小数一桁まで	食事をした場合は1 朝食／昼食／夕食	主に会話をした 友人・教職員 などの記録	授業以外の学内 での活動の記録 （内容と時間）	課外活動・ アルバイト などの記録
月	／	時　分	時　分	時間				
火	／	時　分	時　分	時間				
水	／	時　分	時　分	時間				
木	／	時　分	時　分	時間				
金	／	時　分	時　分	時間				
土	／	時　分	時　分	時間				
日	／	時　分	時　分	時間				

1週間が終了したら「今週の良かった点」「今週の反省点」「来週の目標」を書いてみましょう。

今週の良かった点		今週の目標達成度
今週の反省点		％

来週の目標はできるだけ具体的にしてみましょう！たとえば数値が入ると達成する意欲がわきますよ。

来週の目標	
指導教員コメント	

記入用のワークシートは先生から配布されます。記入の仕方については先生の指示をよく聞いてください。

失敗することを恐れるよりも、真剣でないことを恐れたい。　　　（パナソニック創業者　松下幸之助）

column
大学の「教科書」ってどんなもの？

　大学は、高校までとはまったく違う学習空間です。最初に当面する課題は、第1章で触れたように「時間割を自分で作る」ということです。次の問題は本章で述べたノートの取り方でしょう。

　もう1つ、早めに理解しておかないと困るのは、シラバスに記載されている「教科書」「テキスト」や「参考文献」などの扱い方です。大学の授業スタイルは先生の個性による違いが大きいため、教科書があっても先生の講義が中心に進む授業や、教科書の代わりに先生の手作りのレジュメに書き込む方式の授業もあり、一言に教科書と言っても使い方はさまざまです。

　そこで、大学での「教科書」をいくつかのタイプに分けてみましょう。

❶授業のポイントや、学ぶべき内容（知識や情報）、関連情報、演習課題や練習問題、参考文献などが丁寧に説明されている書籍。高校までの教科書とよく似ています。この場合、授業は教科書に沿って進められるので、毎回の授業に持っていく必要があります。

❷入門書や概論書、あるいは読んでおくべき専門書として指定されている本。基本文献という意味をもつ「テキスト」という言葉で呼ばれることもあります。あらかじめ読んでおき、内容を理解していることを前提として講義が進められます。

❸少人数の演習（ゼミナール）形式の授業で指定されている書籍。内容や形式はさまざまです。細かい点まで理解し、自分の考えも言えるように準備するなど、精読が必要です。

❹授業中やその前後に行う課題をまとめたワークブック（問題集）。記入式で提出する必要がある場合が多く、持っていないと授業に参加できないことになります。

❺厳密には教科書ではないけれど必携とされる資料など。授業中に使う法令集や統計資料、専門用語辞典などで、頻繁に使う場面があります。

　いずれにしても、「教科書」は持参して授業に出席することが原則です。必ずしも毎回すべてを使用するとはかぎらないので、不要なのではと感じてしまうこともあるかもしれません。しかし、まったく不要なものが教科書として指定されるはずはないのですから、まずは持参して授業の前後には読み返してほしいと思います。授業を聞いただけですべてを理解できるような内容の講義は大学にはありません。ですから本を読み、自分で努力して学ぶ姿勢を身につけていただきたいのです。

　具体的なことについては、初回の授業で先生からシラバスや教科書について説明がありますから、わからない場合は質問してみるのもよいでしょう。

100回叩くと壊れる壁があったとする。でもみんな何回叩けば壊れるかわからないから、90回まで来ていても途中であきらめてしまう。　　　　　　　　　　　　　　　　　　　（プロテニスプレーヤー　松岡修造）

さらに学びたい人のために

大学の授業では、高校までのように、教員がすべてを黒板に書いてくれるわけではありません。そこで、授業のポイントをうまくつかみ、ノートを取る工夫が必要です。ここでは、賢いノートの取り方について説明します。

賢いノートの取り方

まず、ノート自体について悩むことは、ルーズリーフと大学ノートのどちらがよいかということです。実は、どちらにしても一長一短があります。ルーズリーフは入れ替え可能ですが、整理しておかないとなくしやすいです。逆に、大学ノートは入れ替えができませんが、テーマごとにまとまったノートが取れます。どちらを選ぶかは、あなたの好みといってよいでしょう。

さて、「ノートを取る」といっても、授業中だけで終わるのではなく、復習時に必要な事がらを補足していくことで、授業に対する理解が深まります。

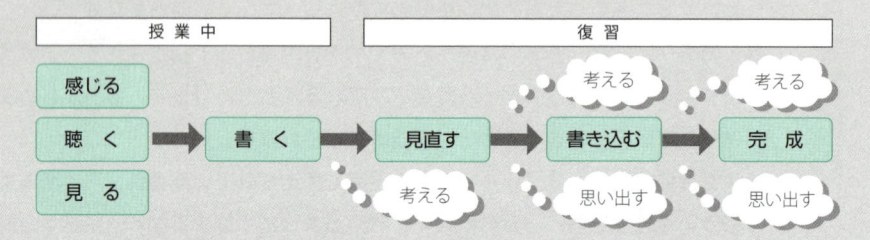

授業中		復習	
感じる / 聴く / 見る	→ 書く	→ 見直す（考える）→ 書き込む（考える／思い出す）	→ 完成（考える／思い出す）

では、ノートに何を書けばよいのでしょうか。
以下のような情報を書いておくと、後から見たときに授業の理解に役立ちます。

① **日付**
② **授業のテーマ**
③ **授業のポイント**（具体例）
④ **キーワード**
⑤ **疑問点や気づいたこと**
⑥ **補足情報**（テキストの参照ページ、配布資料の参照箇所など）

ノートを取るということは、授業をいかに聴くかということと深く関係します。授業を聴く際に注意したいのは、大きく以下の3点です。

① **キーワードを聞きもらさない。**
・何度も出てくる言葉に注意。
・聞きなれない専門用語に注意。→言葉の定義を聞きもらさない。具体例とともにノートする。
・自分の知っている意味や使い方と違う言葉に注意（例：モデル、スケール、インデックスなど）→具体例とともにノートする。

才能のある若手にこそ、挫折を経験させなければならない。挫折は、その選手を成長させる最大の良薬だからである。
（サッカー監督　ヨハン・クライフ）

・「今日は〜について話します」「今日のテーマは〜です」といったトピックにも注目。
② **つなぎ言葉に注意する**
・順序＝「最初に」「では次に」「それでは」
・要約＝「要するに」「まとめると」
・具体例＝「具体的には」「たとえば」「例をあげると」
・言い換え＝「別の見方をすれば」「別の言葉でいえば」「つまり」「すなわち」
・展開＝「他方」「一方では」
・原因・理由＝「なぜならば」「というのは」
・結論・結果＝「だから」「したがって」「それで」　など
③ **授業全体のストーリーを把握する**
・全体と部分の関係を意識して聴く。

最後に、ノートを取る際のさまざまな工夫についてあげておきます。
① **インデント（字下げ）をとる。**
　本と同じように章、節、項などに分類し、小さな項目になるにつれて書き出す位置を下げる。
② **記号・略語・矢印などを使う。**
　例：★＝重要、※要チェック、P＝心理学、E＝経済学、⇒、←
　→書く労力を節約。授業のスピードに追いつく。
③ **外国語のスペリング（つづり）や漢字がわからない時は、とりあえずカタカナで書いておき、あとで調べる。**
④ **余白をとる。**→あとから書き込みができるように。
⑤ **マーカーやアンダーラインなどを効果的に使う。**→ただし、カラーは３色まで。
⑥ **検索のための工夫をする。**→タグ、日付、キーワードなど。

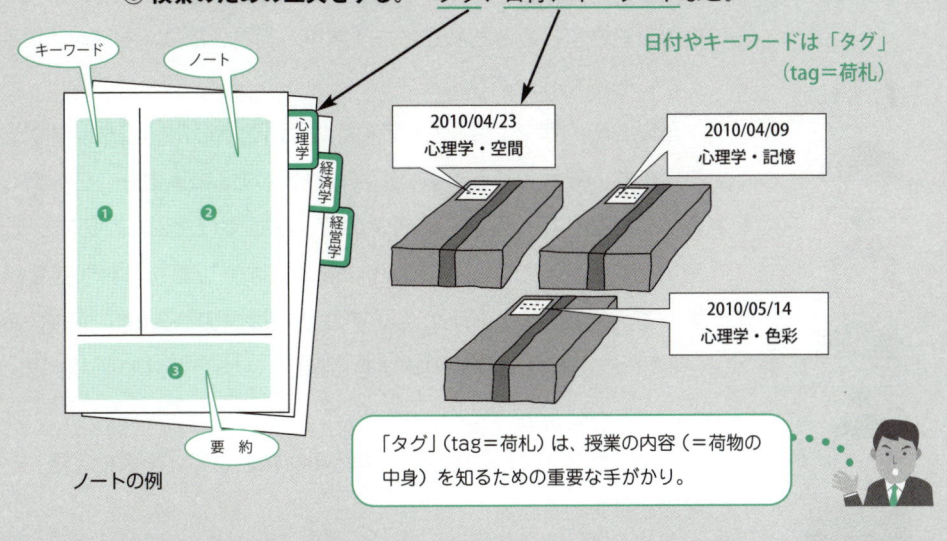

日付やキーワードは「タグ」
（tag＝荷札）

「タグ」（tag＝荷札）は、授業の内容（＝荷物の中身）を知るための重要な手がかり。

ノートの例

自分の失敗をしょうがないと思うやつは許されへん。　　　（プロボクサー　辰吉丈一郎）

第3章 大学で学ぶということ
——学ぶことは人生を創造していくこと

この章のねらい
- 学習は人生を創造していく大切な要素であることを知ろう。
- 大学では、学習の仕方を学ぶことが大切であることを知ろう。
- 人生を創造していくにはどんな知識が必要なのかを知ろう。

Scene・03 授業科目を自分で選ぶって、大丈夫かなあ

　入学したら、すぐに履修についての説明があり、自分で授業科目を選んで時間割を作るようにと言われました。必修科目や選択科目、共通科目や専門科目などがあり、自由に選べという割には細かい条件があります。健太君は、大学に来る日がなるべく少なくてすむように、必修科目がある日を中心に、適当に科目を選んで時間割を作りました。美咲さんは、配布された「シラバス集」を読んで、できるだけ興味のある科目を選びました。しかし、授業が始まってみると、期待通りに楽しい授業がある一方で、よくわからない授業も多く、ノートの取り方にも自信がもてずに不安です。また、大学の先生が、勉強することをわざわざ「学ぶ」と言ったり、生徒を「学生」と呼ぶことにも違和感があります。

　基礎ゼミの授業では、「大学4年間で何を学びたいのか、なぜそれを学びたいのか」を考えてくるように言われました。2人とも、これまでは大学に入ることを目標に勉強してきたので、なぜ学びたいのかについてはあまり考えたことがありませんでした。健太君は少しでも有利な就職がしたいと思って大学を目指しましたし、美咲さんは歴史や人間について深く知りたいと思っていましたが、興味があるから、という以外の理由は思いつきません。

　とまどう2人は、先生から、考える材料として「学習権宣言」という資料を渡されました。

第3章 ● 大学で学ぶということ

あなたが、小学校、中学校や高校に進学した時、その学校にどんな期待をしていたでしょうか。そして今、大学に入ってどんな期待をしているのでしょうか。小学校の時は遊びが中心だったかもしれませんが、中学、高校と進むに従って、勉強中心になってきました。一応、言われた通りのことはしてきたけれど、どうして勉強しなければいけないのかよくわからないという人も多いと思います。そこで、この章では、「なぜ学ぶのか」を考えてみましょう。

Study・03-1　学習権宣言を読む

学習権宣言
（英）The Right to Learn

　この宣言は、みなさんが生まれる前の1985年にユネスコの第4回成人教育会議で採択されたものです。ユネスコの会議ですから、ほとんどの国連加盟国が参加し、先進国も発展途上国も含むすべての代表の合意に基づいています。したがって、ここで言う「学習権」は地球上のあらゆる国々の事情を踏まえたうえで、子どもから高齢者まで、男性にも女性にも分け隔てなく、すべての人々の権利として認められることを、もちろん**あなたにも学習権がある**ことを意味しています。

ユネスコ学習権宣言

1985年3月29日採択

学習権を承知するか否かは、人類にとって、これまでにもまして重要な課題となっている。

学習権とは、
　　読み書きの権利であり、
　　問い続け、深く考える権利であり、
　　想像し、創造する権利であり、
　　自分自身の世界を読みとり、（自分自身の）歴史をつづる権利であり、
　　あらゆる教育の手だてを得る権利であり、
　　個人的・集団的力量を発揮させる権利である。

成人教育パリ会議は、この権利の重要性を再確認する。
　学習権は未来のためにとっておかれる文化的ぜいたく品ではない。
　それは、生き残るという問題が解決されてから生じる権利ではない。
　それは、基礎的な欲求が満たされたあとに行使されるようなものではない。

学習権は、人間の生存にとって不可欠な手段である。

　もし、世界の人々が、食糧の生産やその他の基本的な人間の欲求が満たされることを望むならば、世界の人々は学習権をもたなければならない。

　もし、女性も男性も、より健康な生活を営もうとするなら、彼らは学習権をもたなければならない。

　もし、わたしたちが戦争を避けようとするなら、平和に生きることを学び、お互いに理解し合うことを学ばねばならない。

「学習」こそはキーワードである。

　学習権なくしては、人間的発達はありえない。

　学習権なくしては、農業や工業の躍進も地域の健康の増進もなく、そして、さらに学習条件の改善もないであろう。

　この権利なしには、都市や農村で働く人たちの生活水準の向上もないであろう。

　端的にいえば、このような学習権を理解することは、今日の人類にとって決定的に重要な諸問題を解決するために、わたしたちがなしうる最善の貢献の一つなのである。

　しかし、学習権はたんなる経済発展の手段ではない。それは基本的権利の一つとしてとらえられなければならない。学習活動はあらゆる教育活動の中心に位置づけられ、人々を、なりゆきまかせの客体から、自らの歴史をつくる主体にかえていくものである。

　それは基本的人権の一つであり、その正当性は普遍的である。学習権は、人類の一部のものに限定されてはならない。すなわち、男性や工業国や有産階級や、学校教育を受けられる幸運な若者たちだけの、排他的特権であってはならない。本パリ会議は、すべての国に対し、この権利を具体化し、すべての人々が効果的にそれを行使するのに必要な条件をつくるように要望する。そのためには、あらゆる人的・物的資源がととのえられ、教育制度がより公正な方向で再検討され、さらにさまざまな地域で成果をあげている手段や方法が参考になろう。（中略）

　この会議は、女性と婦人団体が貢献してきた人間関係における新しい方向づけとそのエネルギーに注目し、賛意を表明する。その独自の経験と方法は、平和や男女間の平等のような人類の未来にかかわる基本的問題を解決するための中心的位置を占めるものである。したがって、より人間的な社会をもたらすことは、ぜひとも必要なことである。

　人類が将来どうなるか、それは誰がきめることか。これはすべての政府・非政府組織、個人、グループが直面している問題である。これはまた、成人の教育活動に従事している女性と男性が、そしてすべての人間が個人として、集団として、さらに人類全体として、自らの運命を自ら統御することができるようにと努力している女性と男性が、直面している問題でもある。

（子どもの権利条約をすすめる会訳より）

成功の秘訣？　それは大きなビジョンが持てるかどうかだけだよ。

（マイクロソフト社の共同創業者　ビル・ゲイツ）

学習権宣言のどこが重要か　　　　　　　　　　　Work・03-1

　国際宣言は、参加国の合意に達するまで何度も何度も直されるため、非常に洗練された文になることが多いのです。この宣言もその1つで、決定経過の部分（中略）以外はどこもそれぞれに重要な意味をもっています。

　しかし、それを読む人がどう読み取るかは、個人差があります。あなたはいま、「なぜ学ぶのか」という課題を出されています。その答えとして参考にするには、この宣言のどこが重要だと思いますか。まず、重要だと思う箇所にアンダーラインを引いてください。そして、その理由を考えてみましょう。ワークシート03-1に、アンダーラインを引いた箇所から、重要だと思うものを2つ以上選んで書きこんでください。最後に、その内容を踏まえて「自分はなぜ学ぶのか」をまとめてみてください。

ワークシート ◆ 03-1　学習権宣言のどこが重要か

		自分の意見	班の他の人の意見
1	アンダーラインをつけた箇所		
	なぜそこが重要だと考えたか		
2	アンダーラインをつけた箇所		
	なぜそこが重要だと考えたか		
3	アンダーラインをつけた箇所		
	なぜそこが重要だと考えたか		
自分はなぜ学ぶのか			

グループで意見交換しよう　　　　　　　　　　　Work・03-2

あなたの意見はまとまりましたね。では、他の人の意見も聞いてみましょう。

point
① 今回は4人グループで討議します。リーダー（司会者）と記録係兼発表者を決めてください。残り2人は、発表に対して必ず質問する質問係です。
② 質問係は、4人の発表に対して、違う内容の質問を考えてください。発表者は原則としてそれに答えるか、その質問の意味を問う質問を返さなければなりません。
③ 役割が決まったら、リーダーの進行で順番に4人が発表していきます。
④ あてられた人は、ワークシート03-1から、2点を発表します。

成功の最大の秘訣は、他人や状況に振り回されない人間になる、ということだ。
（ノーベル平和賞受賞者・医師　アルベルト・シュバイツァー）

⑤ 発表が終わるごとに 2 人の質問係が質問し、発表者が返答（または質問）します。

⑥ 司会者の進行のもとに、このやり取りが 1 人分終わったら、記録係が、主なやり取りを 1 点に絞って、要約して確認します。

⑦ 発表者も、聞いている人も、自分と同じ部分の報告が出てきたら、その理由を自分のワークシートの「他の人の意見」欄に記入しておきます。理由がまったく同じということはないので、微妙なニュアンスの違いも記録しておきましょう。

⑧ リーダーは、メモや記録の進み具合や全体の時間配分を考えながら、④～⑦を 4 人分繰り返すように進行します。

⑨ 最後に記録係が、4 人分の主なやり取りの内容をグループ内で報告します。

⑩ 記録係兼報告係は、グループ内のやり取りの中から 1 つを選び、その内容を再確認します。

⑪ 最後に、先生の進行で、先ほど確認した 1 点について報告します。その内容が他のグループと重なってもかまいません。

学習権宣言から学ぶ　　　　　　　　　　　　　　Work•03-3

あなたなりの「なぜ学ぶか」が少し具体的になってきましたか。さらにそれを明確にするためには、「……権利である」と記されている 6 項目の中身を確認しておく必要があります。ここでは、「読み書きの権利」を取り上げてみましょう。ワークシート 03-2 に従って記入してください。

読む権利　　書く権利

人生に満塁ホームランはない。ゴロやバントを狙え。（日本マクドナルド・日本トイザらス創業者　藤田田）

ワークシート ◆ 03-2　学習権宣言から学ぶ

質問1 「読み書き」ができないと、生活上どんなことで困るでしょうか。一番困りそうなことから順に、10個以上考えて記入してください。

①
②
③
④
⑤
⑥
⑦
⑧
⑨
⑩
⑪
⑫

●班でのまとめ
●全体でのまとめ

質問2 今まであなたはどんなことで「問い続け（質問）、深く考え（分析）」てきましたか。最も印象に残っている質問経験と、最近行った分析経験を記入してください。

●質問経験
●分析経験
●班でのまとめ
●全体でのまとめ

質問3 今まで、「想像し（イメージを浮かべ）、創造する（クリエイトする）」どのような経験をしたことがありますか。想像しないで創造できてしまった経験はありますか。想像力を広げ、深めるにはどうすることが必要だと思いますか。

●想像した上で何かを創造した経験
●想像しないで何かを創造した経験
●想像力を広げ深めるために必要なこと（複数上げる）
①
②
③
④
⑤
●班でのまとめ
●全体でのまとめ

小さなことを積み重ねることが、とんでもないところに行くただひとつの道だと思う。
（プロ野球選手　イチロー）

質問4 人口問題について、現在の数値を調べて記入し、2050年について推測してください。

年次	日本の総人口	世界の総人口	大学進学率（日本）	平均寿命（日本）	合計特殊出生率（日本）
1900年頃	約4400万人	約16億人	0.5％未満	44歳	5.11（1925年）
1950年頃	約8400万人	約25億人	6.5％	61歳	3.65
2000年頃	約1億2700万人	約60億人	39.7％	81歳	1.36
現　在					
2050年頃					

※ 厚生労働省ウェブサイト、文部科学省ウェブサイトほかより（一部推計値）
※ 合計特殊出生率とは、1人の女性が一生のあいだに産む子どもの平均人数のこと。通常、出生率はこの数値を使って比較します。

この結果からあなたはどんな世界を読みとりましたか。

●班でのまとめ
●全体でのまとめ

質問5 ここで言う「歴史をつづる」とは、1人ひとりが歴史の中で自分の人生を創造していくという意味ですが、あなたはどのような人生を創造していきたいと考えますか。

1. 職業生活
2. 家庭生活
3. 余暇生活

●班でのまとめ
●全体でのまとめ

質問6 「教育の手立て（resources）を得る」とは、学ぶ機会や方法を持っていることだと考えられますが、あなたは、大学卒業後、どんな学習の機会や方法を確保する予定ですか。（この「学習権宣言」は生涯にわたる学習権を意味します。）

●班でのまとめ
●全体でのまとめ

質問7 「個人的・集団的力量を発揮させる」とありますが、「集団的力量」とはどのような力量で、どうしたらそれを発揮できると考えますか。

●班でのまとめ
●全体でのまとめ

> 究極の遠いゴールを見るより目の前の次のゴールを目標にする。一歩ずつ、一歩ずつ。そうでないと、誰でもときには気が滅入ってしまうから。
> （水泳選手　イアン・ソープ）

第3章 ● 大学で学ぶということ

Study・03-2　大学での学習を楽しむ

❶問題回答型学習から、問題発見・問題解決型学習への転換

「学習権宣言」を考えることで、あなたは「学びたい」と思えるようになりましたか。「学ぶ」ことの必要性が理解できましたか。

大学での学びは、高校までのように、答えの用意された問題に正解するために勉強するのとは違う、「生涯にわたる学び」の出発点です。学ぶテーマとしての課題を自分で見つけ、その課題を解くために学ぶ（解きながら学ぶ）、「問題発見・問題解決型」の学習を行います。必修科目や共通科目などは、そのための基礎知識を身につけ、問題発見・問題解決のための素材を提供してくれる科目だと考えることもできます。

人生ではさまざまな課題を解決していかなければなりません。困難な問題にぶつかったときにどう取り組んだらよいかを知っていることが必要なのです。これが「問題発見・問題解決型」学習が必要とされる理由です。

❷自由に取り組める喜びと充実感を味わおう

大学は自ら学びたい人が学ぶところですから、先生方や職員は手とり足とりの細かい指示はしません。むしろ自由に学べるように、拘束しないことが理想とされています。現実の社会では、仕事や家庭や地域コミュニティの中で、さまざまな制約の中で考えなければならず、大学で取り組むほどに自由な課題を設定できるわけではありません。

大学生であるあなたが、今、自分の選んだテーマに自由に取り組むことができるのは素晴らしいチャンスなのです。新たな課題を発見したり、その解決方法を見つけたり考えたりすることは、素晴らしく充実した楽しい経験だと思いませんか。もちろん、所属学部によって取り組める課題にある程度の制約はありますし、大学生でなくとも、その喜びを味わえる人もいます。しかし、それを味わうのに一番良い条件に恵まれているのは大学生です。ぜひ、その機会を十分に活用していただきたいものです。

そして、大学での学習を楽しむ習慣が身につけば、これからの人生がより充実したものとして楽しめるようになるのです。

> **HOMEWORK 03**
> ワークシート 03-2 を完成させましょう。

勝つまでやる。だから勝つ。　　　　　　（吉野屋アルバイト→同社員→同社長　安部修仁）

> さらに
> **学びたい人**
> のために

「世界人権宣言」「高等教育宣言」など、いくつかの国際宣言を紹介しておきます。

国際宣言

　この章では、第4回ユネスコ国際成人教育会議で採択された宣言を紹介しましたが、この他にもさまざまな国際会議が行われ、それぞれいろいろな「宣言」や「行動計画」などが報告されています。中には「条約」のレベルまで進められたものもあります。これらの宣言は日本だけからの発想では気がつきにくい新しい視点が含まれていることが多く、学習を深めていくために参考になります。

　以下では、大学での学習に直接関係の深い宣言を3つ紹介しておきます。宣言の本文はインターネットなどで簡単に見られるので、ぜひ読んでみてください。

　また、日本国の骨格を定め、日本国民としての権利と義務を定めている「日本国憲法」は、日本人として生きる上で非常に重要です。これらの宣言と比較してみると、いっそう興味深く読むことができるでしょう。

　日本国憲法　http://law.e-gov.go.jp/htmldata/S21/S21KE000.html

1．国際成人教育会議における宣言

　本章でふれたユネスコ国際成人教育会議は、1997年にドイツのハンブルグで、2009年にはブラジルのベレンで開かれ、それぞれ「ハンブルグ宣言」、「生存可能な将来のための成人教育の力と可能性の利用行動のためのベレン・フレームワーク」が出されています。これら一連の宣言は、大学生がその基礎を学ぶ「大人としての学習」についての課題を整理しており、21世紀をどう生きるかについてもさまざまな示唆に富んでいます。

　ハンブルグ宣言　http://jnne.org/img/statements/hamburg.pdf
　ベレン・フレームワーク
　　http://www.mext.go.jp/a_menu/shougai/koumin/1292447.htm

2．ユネスコ高等教育世界宣言

　1998年にパリで開かれた「高等教育に関する国際会議」で行われた宣言です。大学での教育研究がいかにあるべきかを示した大変重要な、かつ興味深い宣言です。

　21世紀の高等教育　展望と行動
　　http://pegasus.phys.saga-u.ac.jp/universityissues/AGENDA21ex.pdf

第4章 困ったことはありませんか？
——学習を支える心と体の健康

この章のねらい
- 新生活のリズムを記録してみよう。
- 自分に合った心と体の健康維持の方法を探してみよう。
- 学習意欲が落ちてきたと感じたらどこへ相談するべきか考えよう。

Scene・04　新生活のリズムに変化あり

　健太君が親元を離れ、ひとり暮らしを始めて1か月が経過しました。はじめのうちは、朝食・夕食は自炊し、昼はゼミの友人と学食で食べていましたが、ここ1週間は朝食抜き、授業が午後からの日は昼まで寝てしまっています。自由な生活環境にちょっと流されぎみです。

　昨日の授業は朝寝坊をして欠席してしまいました。しかし休んでも誰からも連絡はありません。大学では指定された居場所がないせいか、家から出るのも面倒になりがちです。高校までとはまったく違う環境や授業への戸惑いと、このままでは単位が取れなくなるのではという焦りで不安になります。

　一方、美咲さんは自宅からの通学で、生活リズムにはほとんど変化がありません。最近サークル活動とアルバイトを始めました。しかし、サークルでは先輩との対人関係、バイト先ではお客様のクレーム対応で疲れ気味です。授業にも集中できず、最近では食欲も落ちて、寝付けない夜もあります。

　これからは心と体の健康を自分で管理しなければいけません。自分の生活リズムを記録して、しっかり振り返ってみることにしましょう。

入学してそろそろ1か月です。少しほっとしていますか。それともまだ緊張が続いていますか。生活リズムに変化が出てくるのもこの時期です。気づかないうちに、心や体の健康のバランスが変化しているかもしれません。授業への出席や、レポートの提出など、学習面で何か困っていること、気になることはありませんか。生活リズムの変化は学習にとても影響しやすいことです。その変化に自ら気づき、解決するにはどうしたらよいのかを考えましょう。

困った度ランキング　　　　　　　　　Work・04-1

①個人作業

　第2章で宿題になっていた「1週間の生活リズム表」（ワークシート04-1）を見ながら1週間を振り返ってみましょう。授業はどうでしたか。大学生活は満足できる1週間でしたか。

　さて、この1週間を通じて、何か困ったことはありませんでしたか。また、これからの大学生活で心配していることはありませんか。困ったこと、心配なこと、気にかかっていることなどを次頁のワークシート04-2に書きだしてみましょう。

　すべて書き終えたら「困った度」の欄に、困っている度合いを★の数で表しましょう（かなり困っている：★★★、ときどき困っている：★★、たまに困っている：★）。さらに、「ランキング」の欄には、最も困っている項目から順番に1、2、3…と入れてみましょう。

> ワークシート04-1は24頁に出ています。

②グループ作業

　4、5人のグループを作ってみましょう。つぎに、グループのリーダーを決めましょう。決め方として、「じゃんけんで勝った人」「誕生日が本日に最も近い人」など、いつもと違った自由な発想で決めてください。

　グループのリーダーに発表の順番を決めてもらい、各自書き終えたワークシート04-2を見ながら、グループメンバーに「困った度」ランキングを発表してみましょう。

- 単位がとれるか心配。
- 空き時間にどこに行ったらよいかわからない。
- 生活が不規則で遅刻が多くなっている。

自己卑下する人が傷つきやすいのは、心の底では自惚れているからである。　（社会学者　加藤諦三）

第4章 ● 困ったことはありませんか？

ワークシート ◆ 04-2　困った度ランキングリスト

	困ったこと、心配なこと	困った度 （★～★★★）	ランキング （困った順に1から 数字を入れよう）
1			
2			
3			
4			
5			
6			
7			
8			
9			
10			

※この課題は第10章のワークシート10-4でも使いますので、大切に保管しておいてください。

Study・04-1　「よい睡眠」と「よい食事」が学習を支える

　困ったこと、心配なことはどのくらいありましたか？　新しい生活が始まって、たくさんの気になることがあるかもしれませんね。

　さて、宿題であった1週間の生活リズム表（24頁ワークシート04-1）を振り返ってみて、みなさんの平均的な睡眠時間はどのくらいだったでしょうか。23頁の円グラフを見て、全体の平均と比較してみてください。

　授業中に眠くなってしまい、集中できないことがある人は、もう一度、生活リズム表で就寝時間、起床時間を確認し、十分な睡眠、規則正しい生活を心がけましょう。新しい生活が始まり、心身ともに疲れているはずです。自分の生活リズムに適した睡眠時間を早く見つけたいものですね。

　さて、みなさんは朝ごはんをしっかり食べていますか。2章で紹介した東海大学のアンケート調査では、1年生は50％以上が毎日朝食を食べていますが、2年生になると40％に減ってしまいます。ひとり暮らしの方は朝ご

あなたは毎日朝食をとっていますか

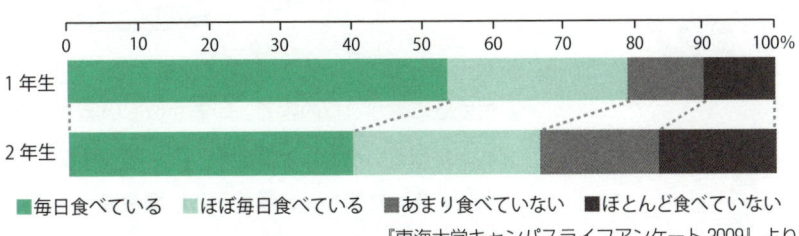

■毎日食べている　■ほぼ毎日食べている　■あまり食べていない　■ほとんど食べていない

『東海大学キャンパスライフアンケート2009』より

> この世に存在する数々の問題は、その問題が発生したときと同じ考え方では解決できない。
> 　　　　　　　　　　（現代物理学の父・理論物理学者　アルベルト・アインシュタイン）

はんをつくるかわりに、パンやおにぎりなどを前日に用意してはいかがでしょうか。1分でも寝ていたい気持ちもわかります。しかし、朝からしっかり集中して学習を始めるためには、朝ごはんは大切なイベントなのです。

「よい睡眠」と「よい食事」は、大学で新生活を始めたみなさんの心と体の健康バランスを保ち、よい学習を支えてくれる重要なアイテムです。

困ったことについてグループで話し合おう　Work・04-2

ワークシート04-2に書きだした困ったこと、心配なこと、気にかかったことについて、その内容を表す簡単なタイトルやキーワードを付箋紙に書き出してみましょう。このとき、付箋紙1枚につき、タイトルやキーワードはひとつにしましょう。もちろん、Work 04-1で他人の話を聞いて、付け加えたくなったことでも結構です。

point

① ここで重要なことは質より量です。できるだけたくさん書いてみてください。
② 書いた付箋紙を自分の近くのテーブル上に貼りましょう。

> 困ったことの簡単なタイトル、キーワードを付箋紙にたくさん書きだしてみよう。

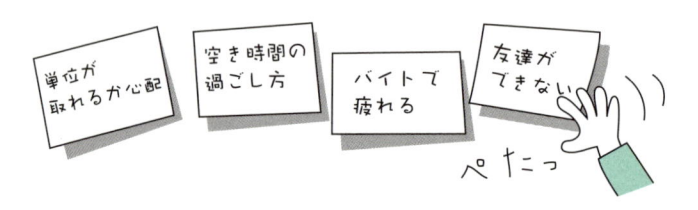

③ 全員が書き終わったらグループリーダーの指示のもと、書きとめた付箋紙をテーブルの真ん中付近に貼り付けていきます。グループ全員に向けて、書いてある文字を読みながら貼り付けます。付箋紙はばらばらになって結構です。後から同じものを出してもまったく問題ありません。テーブルを付箋紙でいっぱいにしてみましょう。

> 付箋紙を自由にテーブルに貼り付けてみよう。

④ 付箋紙に書かれた内容で、印象が似ているもの同士を近くに貼り替え、グルーピングしていきましょう。その際、困ったことの内容を直感で分類することが大切です。ただし、分類が難しい場合は、無理に他のグループと一緒にせず1

不器用を理由にするのは努力から逃げているだけですよ。

（シンクロナイズドスイミング・コーチ　井村雅代）

第4章 ● 困ったことはありませんか？

> 似たもの同士の付箋紙をグルーピングしよう。

枚のまま残しましょう。

⑤ 最後に、それぞれ分類された小グループの内容を簡潔に表す見出しタイトルをつけます。

⑥ グループリーダーは、自分のグループの困ったこと、心配なことの分類結果を発表します。他のグループからの質問も受けながら、教室内の全員で情報共有をしていきます。

Study・04-2　多くの新入生は困っていることが同じ

　グルーピングされた付箋紙を全員でながめてみましょう。他のグループの発表を聞いてどのくらい共感しましたか。

　新入生のみなさんは、新生活を迎えてたくさんの困ったことを抱えているはずです。ここまでのワークで出てきた、困っていること、心配していることの多くは、共通の課題ではなかったでしょうか。

　とくに、授業がよく理解できない、勉強のしかたがわからない、レポートの書き方がわからない、やる気がでない、対人関係で困っている、空き時間に居場所がない、進学・就職といった将来の課題、異性との関係、夜眠ることができない、食生活が乱れている、などは多くの人が共通して抱える課題です。さらには、人生観・価値観に至るまで、みなさんは大学生としての新たなライフステージ（発達段階）で、たくさんの課題に直面しています。

Study・04-3　質より量（ブレーンストーミング法）

　困ったこと、心配なことを付箋紙にたくさん書いて、テーブルに貼っていただきました。困ったことを考えていく上で重要なことは質より量です。これは「アイデアの質は量に比例する」という考えに基づいています。これをブレーンストーミング法といい、アメリカの広告代理店 BBDO の副社長だったアレックス・オズボーン氏が 1939 年に考案した発想技法のことです。

自らを助けないものを救おうとしても無駄だ。ハシゴを自分で登る意思のないものを他人が押し上げることはできない。
（鋼鉄王・実業家　アンドリュー・カーネギー）

> ブレーンストーミング法では4つの実施ルールを定義しています。
> ❶**自由な発想を歓迎**
> 　自由な発想を歓迎する雰囲気を作り出します。
> ❷**批判は禁止**
> 　他人の発想に対する批判を禁止します。「批判されるかもしれない」と思った瞬間に発想が出なくなることを避けるためです。
> ❸**質より量**
> 　リーダーは発想がたくさん出てくるよう、グループを活発化させていきます。
> ❹**新たな発想**
> 　他者の発想に刺激され、新たな発見が生まれてきます。

解決策を探る　　　　　　　　　　　　　　　　　　Work•04-3

Work 04-2 を通して、さまざまな課題が出てきたはずです。次は、これらの課題の解決にむけて、グループで課題をひとつに絞り、その解決方法についてブレーンストーミングをします。このように Work 04-2 と同じ手順で、困ったことの解決策を探していきましょう。

point

① 各グループの付箋紙の分類のうち、大学における学習をより充実させるために、最も解決しておくべき課題（困ったこと）であると思われるものを決定します。

② グループリーダーはメンバーから意見を聞き、ディスカッションをしたうえで、ひとつに絞り込みます。

③ 次の作業のために、テーブル上の付箋紙は片付けます。

④ この課題に対してどのような解決方法があるかを ブレーンストーミング します。思い浮かんだ解決方法を付箋紙に書き、Work 04-2 と同様に、テーブル中央付近に貼り付けていきます。ここでも質より量を重んじて、どんどん解決策を貼り出してみましょう。

⑤ 付箋紙に書かれた内容で印象が似ているもの同士を近くに貼り替え、グルーピングしていきます。今回は、あらかじめ準備してある模造紙（なければ A3 の紙を貼り合わせる）に貼りつけていきましょう。

⑥ グルーピングを終えたら、分類間の関係がわかるように線でつないだり、丸で囲んだりしましょう。こうすることでグループ同士の関係性が 見える化（視覚化）できます。最終的には、線でつなぎながら、できるだけストーリーをつくっ

小さなことばかり考えていると人柄も小さくなってしまう。　　　　（三洋電機創業者　井植歳男）

第4章 ● 困ったことはありませんか？

ていくのがポイントです。

> グルーピングの関係性を「見える化」し課題解決のストーリーをつくりましょう。

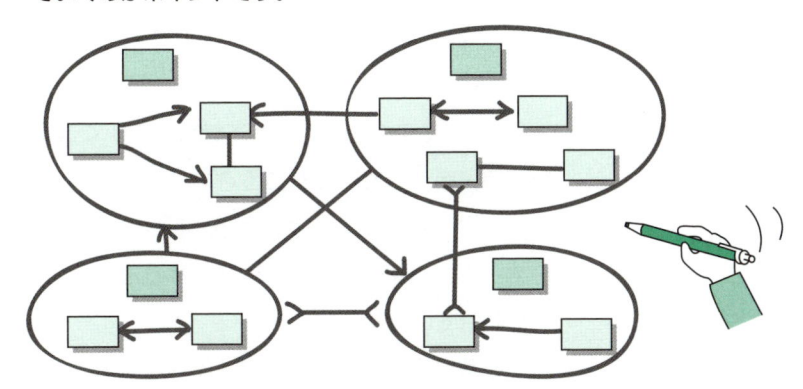

⑦ グループリーダーは、自分のグループで取り上げた「困ったこと」とその「解決策」の内容を発表します。他のグループからの質問を受けながら、さまざまな解決策を教室全員で情報共有していきます。

Study・04-4　ブレーンストーミングから課題解決へ（KJ法）

これまで行ってきたWork 04-2とWork 04-3は、KJ法に基づいて作業を展開しました。この**KJ法**とは、ブレーンストーミングなどによって得られた発想を整理し、問題解決に結びつけていくための方法のことです。KJ法という呼び名は、これを考案した文化人類学者、川喜田二郎氏の頭文字からとられています。

なお、ブレーンストーミング法には整理の手法はないので、問題解決の方法としてはこのKJ法や、第8章で活用するコンセプトマップ（またはトニー・ブザン氏が開発したマインドマップ）などが最近よく使われています。

参考になる本
川喜田二郎『発想法』中公新書、1967年。
同『続・発想法』中公新書、1970年。

Study・04-5　困ったらどこに行く（学生相談の利用）

さて、みなさんは困ったとき誰に相談していますか？　毎日の生活の中から生じてきた悩みは、友人や先輩、指導教員や家族に相談して解決することが多いようです。

しかし、新しい大学生活の中で、授業やサークルに追われている日常場面では、悩みごとについて自らがじっくり考えるゆとりはなかなか持ちにくいものです。そんな時こそ、**学生相談**を利用してみましょう。それをきっかけに自分自身を振り返り、自分を見直すよいチャンスとなることもあります。

いつかできることは、すべて今日でもできる。　　　　　（哲学者　ミシェル・ド・モンテーニュ）

学生相談は、学部生・大学院生が入学から卒業（修了）までの節目で出会う、課題・困難・悩みに立ち向かうことを支援してくれる心強い味方です。個別相談を中心として、学業意欲・対人関係・進路、その他さまざまな問題について、自分の力によって克服していく道を、専門の心理カウンセラーと一緒に模索していくところです。

　大学によっては、「よろず相談」「なんでも相談」などといった窓口があり、学生相談の窓口には、さまざまな悩みや困ったことを抱えている学生さんが訪れています。

　心理カウンセラーと面談することや**カウンセリング**を受けることは特別なことではなく、今や普通のことになってきています。何か困ったことがあったら、学科の担当の先生、事務職員の方などに話を聴いてもらうのはもちろんですが、学生相談を利用して心理カウンセラーと面談することもおすすめです。カウンセラーに話した個人の秘密は守られますので、安心して利用してください。

　心の注意信号は、心や体や行動に現れます。いらいらする、集中力がない、ゆううつ、落ち着きがない、疲れやすい、眠れない、胃が痛い、下痢・便秘をするなども注意信号のひとつです。この注意信号に気づいたら、遠慮なくカウンセラーのところに行ってみましょう。

column
心も風邪をひきますよ

　みなさんは「メンタルヘルス」という言葉を聞いたことがありますか。それは「心の健康」のことです。ストレスが多い入学当初の生活の中では「心の健康」はとても気になるところですね。ただしストレスと言ってもネガティブな面ばかりではなく、適度なストレスは心身の健康維持や発達に必要なものでもあります。したがってストレスとうまく付き合うことは「心の健康」において大切なポイントとなります。しかし、ストレスとうまく付き合うことができないと、発汗・下痢・腹痛（不安障害）、胃かいよう・ぜんそく（心身症）、気持ちが沈んだり高ぶる（気分障害）などといったSOS信号が現れたりします。とくに気持ちが沈むうつ症状は「心の風邪」と言われるように、現代社会では誰でもかかる可能性のある疾患です。いわゆる風邪をひいた時には睡眠と栄養をたっぷり摂ることが大切なように、「心の風邪」には休息やリラックスが予防や回復への重要なカギとなります。新生活のリズムをきっちりと整え、心に良い栄養をたっぷり摂って、メンタルヘルスの維持・向上を心がけていきましょう。

叱ってくれる人がいなくなったら、探してでも見つけなさい。　　　　（作家　永六輔）

第4章 ● 困ったことはありませんか？

HOME WORK 04

1か月の生活費を記録してみましょう（8章へのHomework）

大学生活にはお金がかかります。初めてのひとり暮らしの人も、自宅生も、いままでとは違った生活でいろいろな出費がありますね。まずはどのくらいお金がかかるのかを知りましょう。これから1か月間の収入と支出を記録して集計し、次のワークシート08-1の左側、現在の生活費に書き出してみてください。この生活は持続可能か、払ったものは必要な出費だったのか、これから4年間このままうまくやっていけるのかを第8章で考えましょう。

ワークシート ◆ 08-1　生活費の現状と改善案

現在の生活費

収　入		支　出	
家庭から		住居費	
アルバイト代		食費	
奨学金		教養娯楽費	
		携帯代	
		インターネット代	
		書籍代	
		服飾費	
		交通費	
		生活用品費	
		日常費	
		貯金	
合計		合計	

改善案

収　入		支　出	
家庭から		住居費	
アルバイト代		食費	
奨学金		教養娯楽費	
		携帯代	
		インターネット代	
		書籍代	
		服飾費	
		交通費	
		生活用品費	
		日常費	
		貯金	
合計		合計	

右側の表は8章の授業で使用しますので、左側だけ書き込んでおいてください。下はこづかい帳の見本です。毎日つけておくと、生活費を計算するのに便利です。

こづかい帳

日付	内容	収入	支出	残高	分類

力が無いからといって何もしない人は、力があっても何もできはしないんだ。　　　（空手家　大山倍達）

第5章 大学生活はワンダーランド
―― カルトと消費者問題

この章のねらい
- 大学で学生が巻き込まれる深刻なトラブルの典型例を学ぼう。
- 被害者になった場合の相談先を知り、対処法を考えよう。
- 生き方や幸福といった価値観が問題を複雑にすることを学び、自分が加害者にならないように気をつけよう。

Scene●05　なんだかイヤ、でも断れない

　健太君は、美咲さんから「サークルの先輩に誘われて行った勉強会をやめられなくて困っている」と相談を受けました。最初は環境問題と健康について学ぶ集まりだったはずが、だんだん生きがいや人生の目的といった哲学的な話し合いが多くなり、もうすぐ一泊の合宿もあるということです。先輩も含め、みんな積極的で明るくていい人たちで、こうした人たちと一緒に勉強をしていると、就職活動や今後の人生の役に立ちそう、と美咲さんは言います。

　しかし、何かノルマのようなものがあるようで、おかしな感じがしてきたのだそうです。「健康によいからどうぞ」と最初は貰っていたお茶のティーバッグも、「次からは買ってね」と言われて、断れません。頭金は先輩が「美咲の出発を祝ってプレゼントするね」と支払ってくれて、商品も届きましたが、美咲さんはこれから毎月5000円ずつ払っていかなければなりません。

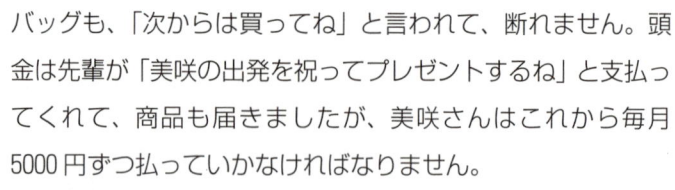

　「合宿に行くと、このままズルズルと深入りしそうで怖い。合宿を断って勉強会もやめたいけど、そうすると先輩との関係が悪くなってしまうかもしれない。先輩に悪く思われずに勉強会だけやめられる方法はないかしら…」

　最近はめっきりふさぎ気味になった美咲さんに、健太君は何とアドバイスしたらよいのでしょう。

第 5 章 ● 大学生活はワンダーランド

> みなさんは、大学で自由が大幅に認められている反面、さまざまな誘惑や危険から自分で自分の身を守らなければなりません。それまでの小学校から高校と同じように、先生が守ってくれるとは限らないのです。また好奇心旺盛で、自分の進路や人間関係について悩みがちな大学生をターゲットにした勧誘もたくさんあります。もちろん過度におびえて自分の可能性を閉ざしたり、自分しか信じられずに他者と関わりを持たなかったりするのは、かえって不自由なことです。大学生をターゲットにした危険な勧誘の実態を知り、これをうまく回避し、充実した学生生活をおくるようにしましょう。

自分ならどうするか考えよう　　Work・05-1

グループに分かれて、健太君としての応答を出し合ってみましょう。似たような経験（相談を受けた経験や勧誘された経験、同様の友人の体験など）があれば出し合ってみてもよいでしょう。話し合いが終わったら、各グループから報告をしてもらいますので、発表者を選んでおいてください。

相談先を調べてみよう　　Work・05-2

Scene 05 を読んで、何が問題なのか考えてみましょう。またみなさんがこのような問題に直面したら、学内のどこに相談したらよいのでしょうか。そこでうまく解決できない場合は、どうすればよいのでしょうか。次のワークシートを利用して、問題点を 3 つ以上書き出し、それぞれの場合の学内外の相談先はどうやって調べればよいかを考えて記入してください。

ワークシート ◆ 05-1　相談先リスト

問 題 点	相談先の調べ方

Study・05-1　金銭問題を超えて

　美咲さんのようなトラブルを抱えた場合、だれかに相談することは問題解決の第一歩でとても重要です。しかし相談だけでは問題は解決しません。それは第1に、大学も行政関連の窓口も、具体的な被害がない限り、十分に対応ができないからです。第2に、大学生がターゲットになる勧誘トラブルの多くは、単に金銭問題だけでなく、人間関係や生き方や幸せといった価値観と密接に関わってくるので、第三者が介入することが難しいからです。

　たとえば、美咲さんが先輩の勧誘によって自分の生き方を見つめ直し、仲間を増やすために大学を辞めることになったとしましょう。たしかに人生の目標は大学・就職だけではなく、他者への奉仕や、崇高なものを信じる価値観の共有、今しかないチャンスが待っている、かもしれません。先輩の影響を強く受けた美咲さんは、もはや良い大学に入って良い就職をしてという生き方はおかしいと感じています。しかし周囲から見れば、せっかく大学に入ったのに変な勧誘にひっかかって退学をするのは理解できません。

　両者はどちらが正しいとは一概に言えません。周囲が美咲さんを不幸だと思っても、美咲さんにとっては、むしろ敷かれたレールにそった生き方が不幸で、仲間を増やすことの方が崇高で意味のある幸せな生き方だからです。

●カルトは宗教だけではない

　自分の生き方や価値観と向き合う時期だからこそ、こうした勧誘が大学の中で数多く展開されます。いわゆるカルトと呼ばれる反社会的な宗教団体はその典型ですが、カルトは宗教団体だけではありません。コンプレックスを取り除き、性格を明るく魅力的にするといって数十万円の受講料を求める自己啓発セミナーは心理カルトと呼ばれます。ホームパーティや人間関係を利用して物品を購入させ仲間を増やすことを目指すネットワークビジネスは経済カルトと呼んでいいでしょう。どちらも最初は友人の勧誘から始まることが多く、断りづらいため、よけいに深入りしがちです。しかも多くの場合、当事者に「相手をだましてやろう」「金を巻き上げてやろう」といった悪意はなく、自分は人を幸せにするために活動している、他の人はまだ自分たちの真理に気づいていなくて不幸だから、早く本当のことを教えてあげなければならない、周囲が反対するのは自分たちが正しいことをやっている証だと信じています。このあたりが単なる詐欺とは異なる特殊なところです。

人間の幸福は、決して神や仏が握っているものではない。自分自身の中にそれを左右するカギがある。
（作家　ラルフ・ワルド・エマーソン）

●身近に潜むカルト的人間関係に注意しよう

ある団体や組織がカルトかどうかということが問題なのではなく、自分の大切な問題（生き方や価値観やお金）を自分で考えたり解決したりすることをやめ、他者に任せっきりにしてしまうところにカルト的な様相が生じると考えてよいでしょう。アメリカの心理学者マーガレット・シンガーは、これを「カルト的人間関係」と呼び、「人生における重要な決断すべてをこのわたしにまかせなさいと言って、本当にそうさせてしまったり、自分は特殊な能力、天才、知識などを有しているのだと信者に信じこませたりする教祖とその信者との関係」と定義しています。

注意していただきたいのですが、カルト的人間関係は、信者と教祖との間だけに成立する特殊なものではなく、先輩―後輩、インストラクター―受講者、販売員―購買者、彼氏―彼女などの間にも成り立つものなのです。

参考になる本
マーガレット・シンガー『カルト』中村保男訳、飛鳥新社、1995年（抄訳『ひとごとではないカルト』中村保男訳、小学館文庫、1998年）。

---

column 山崎浩子さんと統一教会

1984年のロサンゼルスオリンピックに新体操で出場して個人総合8位に入賞し、その後もタレントとして活躍していた山崎浩子さんは、1992年6月に統一教会に入信したことと、その年に行われる合同結婚式で結婚することをマスコミの前で記者会見して大騒ぎとなりました。

入信のきっかけは、彼女が1988年4月に新体操スクールを開校することで友人を介して統一教会から印鑑を購入したことにはじまります（3本で120万円）。興味深いことに、彼女は統一教会のことも合同結婚式のことも知っていて、とてもネガティブな印象を持っていました。しかし教会でのセミナーを重ね、修行が進むうちに、父が自分の海外遠征中に亡くなったことが、「栄光のために父が犠牲になった」とか、母の死に際して「私が祝福（合同結婚式のこと）をためらっていたから、母が犠牲になったんだ」と思うようになります。そして「納得いくまで聞いてみて、いやになったらやめればいいや」という最初の思惑は消え去り、信仰に一途になっていきます。

結局、上記の記者会見をきっかけにマスコミの取材合戦が始まり、その喧噪の中で彼女は8月に結婚をします。しかし姉夫婦と牧師の力によって、彼女は自分がマインドコントロールされてきたことに気づき、1993年4月に脱会の記者会見を開くに至ります。

彼女の入信から棄教までの軌跡は『愛が偽りに終わるとき』（文藝春秋、1994年）という手記につづられています。人生の転機を迎え、より善い人生をおくりたいと真面目に思っている1人の女性が、どのような形で本人の意志とは無関係に翻弄されていくのかがリアルに書かれています。山崎さんは当時、著名なスポーツ選手であり、タレントでしたが、ごく普通の人にも同じようなことがおきること、そして直面する問題は、1人ではとても太刀打ちできるものではないことを教えてくれます。こうした問題をもっと知りたい人は手記を読んでみるといいでしょう。

お前の道を進め。人には勝手なことを言わせておけ。　　　　　　　　　　　（詩人　ダンテ）

相談されたらどうする？　　　　　　　　　　　　Work•05-3

私たちはこれまで次のことを学んできました。
(1) 大学には、いわゆるカルト的人間関係を築くような危険な勧誘が横行している。
(2) しかも、そのカルトは宗教団体だけでなく、さまざまな形態をとる。
(3) 当事者たちは自分の価値観や活動を正しいと信じ、その多くは善意に基づいている。
(4) 価値観が多様化しているなかで、こうした勧誘を行う当事者の価値観や活動を「間違っている」と決めつけることは難しい。

しかし健太君のように、具体的な相談を受けた際には、どうしたらいいでしょう。「価値観は人それぞれだから」で放っておくというのも手ですが、同じ大学で学ぶ友人が困っている時に、そうも言ってはいられません。もう一度、Scene 05 を読んで、自分が健太君ならどういう対応をするか、グループで話し合ってみましょう。話し合いの後に、各グループからどんな意見が出たのか発表してもらいますので、発表者を選んでおいてください。

Study•05-2　被害を防ぐために

健太君は美咲さんに有効な関わりができるでしょうか。こうした学生からの相談で、あまり望ましくない対応事例をお伝えします。

望ましくない例1．自分も同じ体験をしてみる

美咲さんの相談に親身になるあまり、「同じ体験をしないとわからない」と思ったり、先輩から「美咲さんが心配なら君も一緒にくれば誤解だとわかるよ」と言われてついて行ったりしてはいけません。「自分だけは大丈夫」「嫌ならいつでも引き返せる」という過信は、こうしたトラブルで被害を受けた人がよく口にする内容です。相手は何百人・何千人に勧誘をしていることがあります。残念ながら20歳前後の人生経験では太刀打ちできないと考えた方がいいでしょう。

望ましくない例2．相手を説得して抜けさせる

もし美咲さんの確信が深まり、相談ではなく健太君を勧誘しようとしたら、もはや説得しても意味がないかもしれません。美咲さんはすでに別の人格になっていて、しかも心から健太君の幸せを考えてくれて勧誘に臨んでいるのです。この場合も太刀打ちできる相手ではなくなっていると考えた方がいいでしょう。

私は、人生の岐路に立った時、いつも困難なほうの道を選んできた。　　　（芸術家　岡本太郎）

第 5 章 ● 大学生活はワンダーランド

大学時代は心も体も大きく成長します。しかし同時に危険な勧誘も周りに多く存在します。以下の 4 点に留意して、安全で充実した学生生活を送ってもらいたいと思います。

① トラブルに巻き込まれた際に相談する適切な窓口に関する知識を身につける。
② いろいろな問題について、相談できる人間関係をいくつも形成しておく。
③ 価値観が多様化・相対化した世界だからこそ、価値観と向き合う重要さを理解する。
④ 市民社会のルールに従って、自分で考え行動する態度・志向性を形成する。

Study・05-3　善意だけとは限らない

大学にはいろいろな価値観の人がいて、その中には 1 つの価値観を強く主張したり、他人を巻き込むことを善と考えたりする価値観もあり、さまざまなトラブルが起きています。ここで取り上げた事例は、基本的には「善意」に基づいています。相手の幸せや救いを祈って働きかけますが、結果として相手も自分も不幸になっていく構造です。善意に基づいた行為を、ある人は正義ととらえ、別の人は犯罪と考える——この違いは、価値観が多様化した現代社会に生じるトラブルの特徴かもしれません。

「価値観を持って説得する／説得されて信じる」という関係に金銭が絡んだトラブルには、友人を勧誘して「会員」を増やすことで報酬が増える**マルチ商法**（連鎖販売取引）があります。よい商品だから、必ず儲かるからと手当たり次第に勧誘を繰り返したあげく、友人もお金も失ってしまいます。

マルチ商法
商品を売ることより、会員を増やすことで報酬が増える仕組みになっているが、実際にもうかるのはごく数人。うますぎる話には注意しよう。

自分を好きになったほうがいい。長く付き合うんだから。　　（映画「底抜け大学教授」より）

しかし学生が直面するトラブルには、もっとストレートに悪意に基づくものもあります。いくつかの典型的な例をご紹介しましょう。

●**教材販売商法**

　大学に入るとまわりの人が優秀に見えて、自分の能力のなさに悩むことがあります。とくに語学は力の差が歴然とします。また人付き合いも大学生が抱える大きな悩みの1つです。そこで不当に高価な教材販売が大学生をターゲットに横行します。飲み会があるというので行ってみると、外国人が来ていて友人が堪能な語学力を見せつける、または面白い話や場の盛り上げ方に長けている姿を目の当たりにする。帰宅して落ち込んでいるところに、語学やコミュニケーション（会話術）の教材販売の勧誘電話がかかってきます。多くの場合、教材は膨大で、とても全部を学習することはできません。やむなく途中で断念することとなり、効果がなかったのは教材の品質のせいなのか、学習者の怠慢のせいなのかわからないまま、二度と開くことのない教本やCDセットを前に悶々とすることとなります。

●**資格商法**

　就職も学生にとって大きな関心の的です。就職を少しでも有利に進めるために資格をとろうと思うのは自然なことです。ところが、一念発起して申し込んでみると、資格をとるためには高額な教材の購入が必要ということが契約直前にわかって後戻りできなくなったり、ほとんど無価値の資格であるにも関わらず国家資格であるかのように装われていたりする場合があります。○○士という資格名が多いところから**サムライ商法**とも呼ばれています。さらにひどいことに、こうした商法の被害を受けると名簿が出回り、「資格商法業者からお金を取り返してあげよう」「もう教材を送ってこないようにしてあげる」と称して、さらに金銭を巻き上げる二次被害に遭遇することもあります。

●**デート商法**

　絵画やアクセサリーの展示会を見に来ませんか、と魅力的な異性（多くの場合は女性販売員）に誘われ、ついていくとそこは販売会場。しかし、販売員は自分に好意を寄せているようなので、お金がないとか、決断できないなど、格好の悪いところは見せたくないと思わされます。やがて周りを囲まれて、自分の趣味とはおよそ関係ないプリント画や渡す相手もいないアクセサリーをローンで買う羽目になります。多くは繁華街の雑居ビルの一室で個展のような販売会場となっていて、**展示会商法**、**絵画商法**とも呼ばれま

人の一生の幸せも、災いも、自分から作るもの。周りの人間も、周りの状況も、自分が作り出した影と知るべきである。

（細菌学者・医師　野口英世）

第5章●大学生活はワンダーランド

す。無理矢理に絵を買わされて、おかしいと思って数日後に契約解除に向かうと、そこは空室になっているということがほとんどです。

●**悪質な商法にひっかかってしまったら**

こうしたトラブルに直面したばあい、クーリング・オフ制度があることを知っておきましょう。クーリング・オフとは、一定期間の間ならば申し込みの撤回や契約の解除ができる制度です。悪意に満ちた上記の商法は、相手のコンプレックスや向上心につけ込み、契約を迫ります。冷静に考えられずに、チャンスを逃すまいと応じてしまったばあい、もう一度時間をおいて考え直し、契約を白紙にすることができます。ただクーリング・オフできる期間は、訪問販売や電話勧誘販売は8日間、連鎖販売取引は20日間と、ケースによって異なります。またクーリング・オフは書面で行いますので、書式等については最寄りの消費生活センターへ相談しましょう。

しかし悪意に満ちた商法の場合は、クーリング・オフや支払金の返還を求めても、表示された住所にすでに事務所はなく、電話はつながらずといったケースも少なくありません。また勧誘してきたのが友人や先輩だった場合、そしてその知り合いが本気でその商品の効果を信じている場合、話はますます複雑になっていきます。

こうした事態に備えて、大学内外の相談窓口も含め、トラブルの対処法を知っておくことが重要です。そして、日頃からきちんと自分の頭で考える習慣をつけておくとともに、なんでも相談できる、信頼できる人間関係を幾重にも築いておくことが、最大の防御策といえるでしょう。

クーリング・オフ
契約書面を受け取った日から8日間以内であれば、申込みの撤回や契約の解除ができる。また、たとえ8日間を過ぎてしまった場合でも、契約内容や契約手段に不備があれば取消の対象になりうる。

困ったときは一人でかかえこまずに、信頼できる人に相談しましょう。

HOMEWORK 05

困ったときに相談にのってくれる機関のリストを作りましょう。学内・学外いずれでもかまいません。空欄は自分でトラブルを想定してください。

ワークシート ◆ 05-2　トラブル別・相談機関リスト

トラブルの内容	相談先	連絡先 TEL	メールアドレス（メール相談可の場合）
心の悩み			
学内のセクハラ			
バイトでのパワハラ			
消費者問題（高額ローンの解約など）			

自分が立っている所を深く掘れ。そこからきっと泉が湧きでる。　　　　　　（評論家　高山樗牛）

第6章 自分を守る、他人を守る
——法と人権

この章のねらい
- 自分のことは自分で守らなければならないことを学ぼう。
- 自分を守るためには、最低限の法的な知識を身につける必要があることを認識しよう。
- 自分を守るとともに、他人を守ることについても学ぼう。

Scene・06-1　良かれと思ってしたことが…

　美咲さんは健太君に、友達と泊りがけで旅行に行く計画があることを話していました。でも、美咲さんは、肝心の行き先が決まらないと悩んでいます。そこで健太君は、美咲さんのためにある情報を持ってきました。それは、大学前の緑が丘書店で旅行雑誌を立ち読みした時に、携帯電話のカメラで撮ってきた「女性に人気の温泉グルメ」という記事です。しかし、記事をカメラで撮ってきたと聞かされた美咲さんの顔からは笑顔が消えてしまいました。

　「健太君。気持はうれしいんだけど、それってデジタル万引きよ！　あの店にはたしか、〈店内での撮影は一切お断りいたします〉って、貼紙がしてあったんじゃない？」

　健太君は、美咲さんに言われた「万引き」という言葉がショックでした。雑誌を盗んできたわけでもないのに、なぜ犯罪者のように言われるのか、喜んでもらえるとばかり思っていた健太君にはまったく理解できません。せっかくの楽しい会話も、一気に険悪な雰囲気に変わってしまいました。

第6章 ● 自分を守る、他人を守る

　第5章では、カルトや消費者問題から、どうやって自分の身を守るかについて考えました。この章では、自分の身を守るとともに、他人を守るためにはどうすればよいのか考えます。

　トピックとしては、日常生活におけるモラルと法律について、セクシャル・ハラスメントを中心とした、人権に関わる問題を取り上げます。とくに、セクシャル・ハラスメントの問題は、自分が無意識に他人を傷付けていないか、自分が他人から傷付けられたときにどうすればよいのか、さらに、他人が傷付けられていることを知った時どうすればよいのか、などについて考えるきっかけになります。

健太君の行動について、あなたはどう思う？　　Work・06-1

　Scene 06-1 でみたように、健太君は書店で旅行雑誌の記事を携帯電話のカメラで撮影してきました。健太君の行動について、あなたはどう思いますか。また、美咲さんの反応について、あなたはどう思いますか。ペアになって、意見交換をしてみましょう。ポイントは以下の点です。

point
① 健太君は、美咲さんを喜ばせようと、書店で旅行雑誌の記事を携帯電話のカメラで撮ってきました。
② 美咲さんは、健太君の行動を「デジタル万引き」だと責めました。
③ 美咲さんは、健太君の行った書店には、「店内での撮影は一切お断りいたします」という貼紙があったことを記憶しています。
④ 健太君は、美咲さんの言った「万引き」という言葉にショックを受けました。
⑤ 健太君は、自分の行動が決して「万引き」などではないと思っています。

盗電と借電　　Work・06-2

　最近、街でよくみかける風景に、「盗電（とうでん）」や「借電（しゃくでん）」と呼ばれるものがあります。これは、ノートパソコンや携帯電話を充電するため、レストランや喫茶店、駅や図書館などの公共施設のコンセントを勝手に使用することです。もし、あなたの友人が教室のコンセントを使って携帯電話を充電しているのを見たら、あなたはどう思いますか。

　このような行為が、法律ではどのようにとらえられているか調べてみましょう。また、日本で法律として罰せられた例があるかどうかについても調べてみましょう。

Study•06-1　肖像権について考える

　肖像権とは、①無断で自分の肖像を写真に撮られない権利（無断撮影の禁止）と、②写真に撮られた自分の肖像を、無断で公表されない権利（無断公表の禁止）を意味します。また、タレントや有名人の写真など、広告としての効果をもったり、財産として利用される可能性が高い場合、その写真を財産として使用する権利を**パブリシティ権**といいます。

　これらの権利については、そのものを明確に規定した法律があるわけではないのですが、さまざまな法律の趣旨から考えて、判例上あるいは実務上で認められている権利です。したがって、本人の許可なく、みだりに他人の写真を撮ったり、その写真をウェブ上などで公開した場合、損害賠償の請求に発展する場合もありますので、注意が必要です。

　「デジタル万引き」と同様に、肖像権やパブリシティ権への配慮は、デジタル技術の進展とともに、重要となってきました。携帯電話各社の取扱説明書にも、著作権や肖像権に関する注意が書かれているはずです。一度、確認してみましょう。

Scene•06-2　友達からの相談

　最近、美咲さんは、仲のいい友達の由美子さんから、こんな相談を受けました。由美子さんは、テニスサークルに入っています。先輩や仲間同士の関係も良く、楽しく明るい雰囲気が気に入っています。しかし、最近、心配なことがあります。今まで楽しく会話してきた先輩のAさん（男性）が、急に変なメールを送ってくるようになりました。メールの具体的な内容はわかりませんが、少し卑猥な内容のようです。由美子さんは、メールの内容を不快に思いましたが、あまり先輩に強く言うと、サークルでの人間関係がうまくいかなくなると思い、「このメール、ふざけているだけですよね？　やめてくださいよ」と絵文字まじりのメールを返しました。しかし、その後もA先輩から、同じようなメールが頻繁に来ています。由美子さんはどうすればよいかわからず、ひたすらメールを無視するばかりです。

　由美子さんの相談を受けて、美咲さんもどうしたらよいかわからず、健太君に相談しました。もちろん、由美子さんや先輩Aさんの名前は伏せて、

愛する──それはお互いに見つめ合うことではなく、一緒に同じ方向を見つめることである。
（飛行士・作家　サン・テグジュペリ）

第6章●自分を守る、他人を守る

事実だけを話しました。健太君は、Aさんのしたことは悪いが、絵文字まじりのメールを返信した由美子さんにも問題があるのではないか、と言いました。さて、あなたなら、由美子さんに対してどのようにアドバイスしますか？

あなたならどうする？　　Work•06-3

Scene 06-2 を読んで、以下のことについて考えてみましょう。まず、個人で考え、その後、グループで意見交換をしましょう。

point→
① 先輩Aさんの行動に対して、由美子さんはどのように対処すべきでしょうか？
② 健太君の意見に対して、どのように感じましたか？

Study•06-2　セクハラとは何か？

セクシャル・ハラスメント
(英) sexual harassment

Scene 06-2 でみた、先輩Aさんの由美子さんに対する行動は、一般に**セクハラ**と呼ばれるものです。セクハラは**セクシャル・ハラスメント**という言葉の略語で、1980年代後半、アメリカから入ってきました。ハラスメントは「嫌がらせ」を意味し、セクハラは、職場における女性に対する「性的な嫌がらせ」を意味する言葉として使われはじめました。1989年には、この言葉が新語・流行語に選ばれて世間に広まり、職場だけではなく、学校や日常生活における**性的嫌がらせ**を広く意味するようになりました。

一般に、**セクハラ**は対価型と環境型の２つのタイプに分けられています。**対価型**は、ある条件などと引き換えに（対価として）、性的な要求をすることです。もし、要求を拒否した場合、人事や勤務条件、（大学においては）評価や学業成績などの面で、本人に不利益を負わせる場合が少なくありません。**環境型**は、性的な表現や行動をとることで、他人に不快感をあたえ、働きづらい環境や（大学においては）学業を継続できないような環境をつくりだすことです。

では、他人に不快感をあたえるような性的表現や行動とは、具体的にどのようなものでしょうか。次のページの例を見てください。

恋をして恋を失った方が、一度も恋をしなかったよりましである。　　（詩人　アルフレッド・テニソン）

- 身体への不必要な接触。
- 性的な内容の電話、手紙、メールなどを送りつける。
- しつこく食事やデートに誘う。
- スリーサイズなどの身体的特徴を話題にする。
- 性的な経験や性生活に関する質問をする。
- 公衆の場で卑猥な画像をコンピュータのディスプレイに表示する。
- 「男のくせに～」「女のくせに～」などという。

　ここにあげたものは、あくまでも一部で、セクハラに関するすべてではありません。重要なのは、性的な言動が受け手にとって不快感をあたえるものかどうか、ということです。自分に悪気がなくても、知らないあいだに他人を傷つけていることもあります。受けとめかたは、人によってさまざまであることを理解しましょう。また、少し大げさに聞こえるかもしれませんが、セクハラは個人の人権を侵害することにつながります。ですから、相手の立場を尊重した言動を心がける必要があります。

Study・06-3　セクハラという言葉の背景

　セクハラという言葉が広まった背景には、社会的地位や発言権など、さまざまな意味で、男性が職場で優位に立つ傾向が強いということがあります。
　雇用の分野における、男女の均等な機会や待遇を確保するため、1986年、**男女雇用機会均等法**が施行されました。1999年には、大幅に改正された**改正男女雇用機会均等法**が施行されました。ここでは、セクハラに関する規定が新しく設けられ、事業主がセクハラ防止に「配慮する義務」について定められました。さらに、2006年の改正（2007年施行）では、事業主がセクハラの「防止措置をとる義務」について定められました。具体的には、以下のような内容です。①セクハラがあってはならないという方針を明確にする。②セクハラに関する相談窓口を定める。③相談の申し出があった場合、事実関係を確認する。④セクハラの事実が確認されたら、適切な措置を取る。
　さて、2006年の法改正で重要なもうひとつのポイントは、これまでの女性に対するセクハラに加えて、男性に対するセクハラも法律の対象となったことです。セクハラという言葉が普及しはじめたころ、性的な嫌がらせを受ける対象は、もっぱら女性であると考えられていました。しかし、この

男女雇用機会均等法
正式名称：雇用の分野における男女の均等な機会及び待遇の確保等に関する法律

尊敬ということがなければ、真の恋愛は成立しない。　　（哲学者　ヨハン・ゴットリーブ・フィヒテ）

第6章 ● 自分を守る、他人を守る

法改正は、セクハラに男女の区別はないことを示しているだけではなく、女性から男性へのセクハラに関する事例も増加していることを示しています。

Study・06-4　セクハラが起こってしまったら

Scene 06-2 でみたように、実際にセクハラが起こってしまったら、どうすればよいでしょうか。一般的には、次の3つのことが重要です。

①はっきりと相手に「嫌だ」という気持ちや態度を伝える。
②セクハラに関する、具体的な記録を残しておく。
③誰か信頼できる人に相談する。

由美子さんの場合、先輩Aさんにメールで返事をしましたが、人間関係

column　教員によるハラスメント

　キャンパスにおけるハラスメントは、学生同士によるものだけではありません。教職員と学生のあいだでもおこります。地位や職権を利用した嫌がらせを、「パワハラ」（パワー・ハラスメント）と呼びます。大学のおけるパワハラの典型的な例としては、以下のものがあげられます。

・人前で学生を誹謗・中傷する。
・理由もなく卒業や進級をさせない。
・特定の学生を無視したり、指導を拒否する。
・過度な課題や長時間の勉強を強制する。
・授業や研究の手伝いや雑用を強制する。

　これらは、教育研究上の嫌がらせという意味で、「アカハラ」（アカデミック・ハラスメント）とも呼ばれます。アカハラは、「教育」や「指導」の名にもとに行われることがありますが、被害者にとっては、嫌がらせに他なりません。また、言葉や態度による嫌がらせは、肉体的な暴力ではなく、精神的な嫌がらせという意味で、「モラハラ」（モラル・ハラスメント）と呼ばれることがあります。これらのさまざまなハラスメントは、セクハラとともに、しばしば複合的に行われます。被害にあったら、事態が深刻化しないうちに相談することや、できれば「嫌な気持ち」を相手に伝えることが重要です。

　典型的なハラスメントとは別に、教員が書いた本をテキストとして学生に買わせたものの、授業ではまったく使われなかった、という苦情もいくつかの大学でみられます。とくに買わされた本が高額であった場合、学生の不満が大きくなるのは当然です。これは、モラルの問題であるという以上に、一種のハラスメントとも考えられます。教育改善のためにも、担当教員や大学に抗議をする必要があります。

男女の仲というのは、夕食を二人っきりで三度して、それでどうにかならなかったときはあきらめろ。
（映画監督　小津安二郎）

を気にするあまり、明確に「嫌だ」というメッセージは伝わらなかったようです。したがって、誤解を生まないようなかたちで、再度、自分の意思を明確に伝える必要があるでしょう。③については、美咲さんに相談したものの、具体的な解決策は見つかっていません。家族や別の友人、教職員など、個人的に信頼できる人に相談するほか、大学で設けられている相談窓口に相談してみてはどうでしょう。その際、セクハラの事実があったかどうかに関する証拠が必要です。由美子さんの場合、先輩Aから送られてきたメールを保存しておくとよいでしょう。

　これらの対応は、あくまでも標準的なもので、それぞれの人間関係や状況によって、ケースごとに異なる対応を考える必要があります。一般に、**NOと言える勇気**と**相談する勇気**が必要だといわれますが、現実には、なかなか勇気をふりしぼるのが難しい、というのが現状のようです。だからこそ、友達をいつでもサポートできる、またサポートしてもらえるような、信頼できる人間関係を日頃から築いておく必要があるのです。

HOMEWORK 06

この章ではおもにセクハラについて紹介しましたが、前頁のコラムにあるように、さまざまな場所でハラスメントは発生します。自分や友人の経験をもとにして、ワークシート06-1をまとめてください。

ワークシート ◆ 06-1　他にもハラスメントはある?!

1. いままで他人から不快な扱いを受けたり、嫌がらせをされたことがありますか？
　　　　　はい　・　いいえ　（どちらかに○をつける）

2. 「はい」であれば、その内容を200〜300字でまとめてください。
　「いいえ」であれば、友人から聞いた話などを同様にまとめてください。

3. 上でまとめた内容がハラスメントにあたるかどうか、あたるとしたらなんというハラスメントか、調べてください。

4. ハラスメントであった場合、解決するにはどこに相談すればよいでしょうか。
　また、同じ内容を友人に相談されたら、あなたはどうすればよいでしょうか。

第7章 キャンパスツアー
――フィールドワークで再発見

この章のねらい
- 見慣れた光景のなかに、新しい事がらを発見する観察力を鍛えよう。
- 課題解決に向けて、教室の中だけでなく、外に出てチームで行動する力を身につけよう。

Scene・07　キャンパスの気になる光景

　健太君と美咲さんが大学に入学して、ほぼ2か月がたちました。大学生活にも慣れ、気の合う友達もできました。また、キャンパスにお気に入りの場所もできました。健太君は学生食堂の横の木陰がお気に入りです。休み時間、ベンチで横になると、とても気分が安らぎます。美咲さんは、中庭の噴水がお気に入りです。噴水前のベンチに腰掛け、友達とおしゃべりを楽しんだり、ひとりで読書を楽しんだりしています。

　このように、お気に入りの場所はできたものの、健太君と美咲さんは、キャンパスでの行動範囲が意外に限られていることに気付きました。キャンパスには、利用したことがない施設や、行ったことがない場所がまだまだあります。また、気になっている場所やモノもたくさんあります。キャンパスの隅にある赤い丸型の郵便ポストは、本当に使われているのだろうか？　何重にも錠前がかけられた小屋は、一体何なのか？　などなど、疑問もわいてきます。他の学生たちだって不思議に思っているかもしれません。健太君と美咲さんたちは、キャンパスを探検してみたくなりました。

この章では、仲間と一緒に課題に取り組み、チームで行動する力を身につけます。まずは、教室を飛び出して、キャンパスのなかをフィールドワークしてみましょう。そして、見慣れた風景のなかに、何か新しいものを発見する観察力を鍛えましょう。さらに、新しい発見を仲間に報告しましょう。

お気に入りの場所について語ろう　　Work・07-1

Work 07-2 で、キャンパスをフィールドワークしますが、その準備として、自分のお気に入りの場所について語ってみましょう。

point
① 隣の人とペアになります。メンバーの数が奇数の場合は、3 人のグループでもかまいません。
② ペア同士で、キャンパスのお気に入りの場所を紹介します。どの場所が、なぜ好きなのかを互いに伝えます。お気に入りの場所がなければ、キャンパスの気になる場所について話してもかまいません。
③ ペア順に、他のゼミ学生にお気に入りの場所を紹介します。ただし、自分のお気に入りの場所を紹介するのではなく、自分とペアを組んでいる学生のお気に入りの場所を紹介します。

Study・07-1　フィールドワークとは何か？

フィールドワーク
（英）fieldwork

　フィールドワークとは、さまざまな**現場**（field）におもむき、観察や人々との関わりを通して、**現場**の状況を記録・分析し、第三者に伝える調査の方法をさします。もともとは、民族学や文化人類学と呼ばれる学問を中心に発達した研究方法で、異文化（自分の住む社会と文化が異なる社会）を研究するためのものでした。しかし、現在では、フィールドワークの手法は、社会学、心理学をはじめ企業のマーケティング・リサーチにまで使用されています。

　さて、フィールドワークにおける**現場**とは、何でしょうか。現場と聞いてすぐに思い浮かぶのが、工事現場、犯行現場、教育現場などであると思います。これらに共通することは、「何かが起こっている場所」であるということです。つまり、**現場とは、現象が起こっている場所**のことであると考えてもよいでしょう。そうすると、教室の中やキャンパスも**現場**であるといえます。

人生は、10 段変速の自転車のようなもの。だれもが、自分がもっているものの大半は使っていないのです。
（スヌーピーを描いた漫画家　チャールズ・シュルツ）

キャンパスをフィールドワークする　　Work・07-2

Work 07-1 をもとにして、実際に、グループごとにキャンパスをフィールドワークしてみましょう。その際、キャンパスの気になる光景をテーマにして、気になる場所やモノ、奇妙な形をしたモノ、改善したほうがよい場所やモノなど、自由な発想で、カメラ付き携帯電話で写真に撮ってみましょう。

point

① 2つのペアが一緒になり、4人のグループをつくります。メンバーの数が奇数の場合は、3人や5人のグループでもかまいません。
② グループ内で、互いのお気に入りの場所を確認します。
③ 教室を出て、制限時間30分で、「キャンパスの気になる光景」をカメラ付き携帯電話で写真に撮ってきます。ひとり1枚以上、何枚でもかまいません。
④ ただし、必ずグループのメンバー全員の気になる場所に行き、同じくカメラ付き携帯電話で写真に撮ってきてください。
⑤ 撮った写真を、グループの代表者のPCメールアドレスに送ります。

Study・07-2　モバイル・リサーチのすすめ

モバイル・リサーチ
（英）mobile research

Work 07-2 で体験した方法は、モバイル・リサーチと呼ばれ、新たなマーケティング調査の方法として注目されています。モバイル・リサーチには、大きく2つの形態があります。ひとつは、モニター（調査協力者）から送られてくるカメラ付き携帯電話の画像を収集する方法で、もうひとつは、観察者がカメラ付き携帯電話を記録するツールとして活用する方法です。Work 07-2 で体験したのは後者の方法です。

記録ツールとして、通常のデジタルカメラではなく、カメラ付き携帯電話を利用する理由は、その即時性と利便性にあります。カメラ付き携帯電話の場合、気になる被写体があらわれたとき、すぐに記録に残し、コメントを

人生より難しき芸術はなし。他の芸術、学問には至るところに師あり。　　（詩人・哲学者　セネカ）

付けてメール送信することができます。観察者の心が動いた、その瞬間に記録できることこそ、文字通り、肌身離さず「携帯」することのメリットです。

　カメラ付き携帯電話を利用して撮り集めた写真をながめてみると、何に自分の心が動いたのかを、客観的にみることができます。かつて、精神科医の野田正彰氏は、『漂白される子供たち』という本のなかで、**写真投影法**という方法を使いました。野田氏は、子どもたちにカメラを渡し、写真を撮らせ、その写真を分析して、子どもたちの心の中をとらえようとしました。「心のファインダー」という言葉が示すように、写真に映し出されたものは、被写体そのものよりも、撮影者の心の中をよく物語っているといえます。

　また、自分が撮った写真を客観的にながめると、そこから観察すべきテーマや研究すべきテーマが見つかるかもしれません。さらには、一枚の写真は多くのことを物語ります。自分が意識して撮った被写体の周辺や背後には、気付かなかった多くの事がらが潜んでいます。そして、それ自体が貴重なデータになるかもしれません。

写真投影法
（英）Photo Projective Method：PPM

参考になる本
野田正彰『漂白される子供たち』情報センター出版局、1988年。

プレゼンテーションしよう　　　　Work・07-3

　キャンパスのフィールドワークからもどったら、次はプレゼンテーションの準備にとりかかりましょう。グループ・リーダーのメールアドレスに送られてきた写真をひとつにまとめ、プレゼンテーションソフトを使って、プレゼンテーションをします。

point

① インターネットが使える環境で、グループ・リーダーのメールアドレスに送られてきた写真をひとつに集約します。

② プレゼンテーションソフト（Microsoft PowerPoint など）やワープロソフト（Microsoft Word など）を使い、写真をプレゼンテーション用に加工します。これらのソフトを使い慣れていない場合は、写真を順次スクリーンに映し出すだけでもけっこうです。

③ その際、グループ・メンバーのお気に入りの場所を最初にプレゼンテーションするように準備します。なぜお気に入りなのかについて、一言コメントを付け加えておくとよいでしょう。プレゼンテーションの際、口頭で伝えてもけっこうです。

④ 同様に、「キャンパスの気になる光景」についても、コメントを一言付け加えるなどして、プレゼンテーションの準備をします。

プレゼンテーションソフト
作成方法について詳しくは第14章、各種ソフトについては131頁を参照。

あまり人生を重く見ず、捨て身になって何事も一心になすべし。　　　（慶應義塾大学創始者　福澤諭吉）

⑤ プレゼンテーションの準備ができたら、メンバーの誰が何をどのようにプレゼンテーションするかについて、打ち合わせをします。
⑥ グループごとに、写真などをスクリーンにプロジェクターで映し出し、プレゼンテーションをします。
⑦ 各グループのプレゼンテーション後、他のグループのメンバーからの質問やコメントを受け付けます。

Study・07-3　観察力を身につけよう

　Work 07-2 では、観察する体験をしました。観察する力は、学問や就職活動だけではなく、社会に出ても役に立つ重要な力です。では、どのように物事を観察すればよいのでしょうか。ここでは、以下の3つの方法について説明します。
　① 対象に関心をもって観察する。
　② 五感を働かせて観察する。
　③ 視点を切り替えて観察する。

　まず、**観察する対象に関心をもつ**ことが重要です。人間の認知や記憶は選択的（選り好みする）で、興味関心があるものは目に入りやすく、記憶に残りやすいものです。たとえば、空腹時に繁華街を歩いていたとしましょう。何百という看板が、われわれの目に入っているはずですが、どういうわけか、飲食店の看板が目に入りやすいとします。これは、空腹という状況が、飲食店の看板を**選択的に認知**させているのです。また、同窓会でよく経験されることですが、同じ出来事を体験していても、友人どうしの証言が微妙に食い違うことがあります。これは、各人の興味関心によって、記憶に残っている側面が異なることに原因があります。このように、人間の認知や記憶が選択的であるとすれば、対象に興味と関心をもって観察することで、物事がはっきり見えてくるといえます。

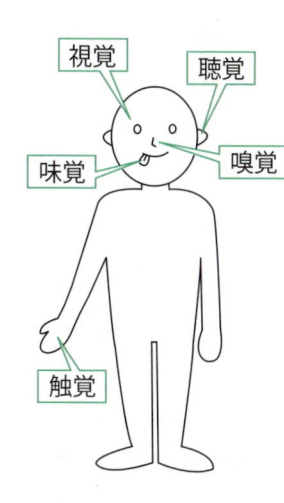

　次に、**五感を働かせて観察する**、ということについてです。「観察」というと、「観る」という視覚的な活動に限定されるような印象がありますが、現実には、**五感**をフルに働かせる必要があります。色や形、音、におい、肌触りだけではなく、味覚でさえ時には重要です。「甘いにおい」という慣用句が示しているように、人間の五感はたがいに連動していて、ひとつの感覚が別の感覚を刺激することもあります。ソムリエがワインの味を表現する際や、香水の調香師が香りを記憶する際、味覚や嗅覚以外の感覚を手がかり

人生は食パンのような普通の年が多いが、ハムや辛子の年もある。辛子も一緒に噛み締めなきゃならん。
（映画「サンドイッチの年」より）

にすることは、感覚どうしの密接なつながりを示しています。五感を研ぎ澄ませて敏感に反応し、それを何らかのかたちで記録しておくことは、観察した事がらの記憶を呼び起こすのにも役立ちます。

最後に、**視点を切り替えて観察する**ことについてです。観察する際、**全体**と**部分**という2つの視点を切り替えることは重要です。「木を見て森を見ず」や「森を見て木を見ず」という言葉は、全体と部分との関係を視野に入れることの大切さを示しています。たとえば、スーパーマーケットを観察する場合、まず店全体を俯瞰する視点が必要です。次に、売られているアイテムや什器（棚などの設備備品）、店員の配置や行動、客の行動、天井や壁面、フロアなど、部分に目を向ける必要があります。全体を俯瞰する視点を**鳥の目**とすれば、部分に注目する視点を**虫の目**と呼んでもよいでしょう。鳥の目と虫の目を切り替えながら観察することで、何が店全体の雰囲気やイメージを決定しているのかに気付くことができますし、それぞれの部分が、全体のなかでどのような位置づけにあるかについても理解できるようになります。

Study･07-4　犯罪捜査と仮説力

Study 07-3 では、どう観察するかについて説明しました。では、実際に何を観察すればよいのか、という**目のつけどころ**について説明します。もちろん、何に目をつけるかは、目的やテーマによって異なってきます。

たとえば、保険のセールスが顧客の家族構成を知りたければ、洗濯物が手がかりになります。小さな子供の洗濯物があれば、学資保険を勧めるのもよいでしょう。飲食店の脱税を探りたければ、1日にリースされたおしぼりの数をみればよいでしょう。客単価（1人の客が支払う金額）におしぼりの数をかけあわせれば、1日の売上高の概算がわかります。あとは、年間売上高の概算と申告額の差額をみればよいわけです。また、スーパーマーケットが新店舗を出店する場合、近隣住民がよく利用する競合店を知りたければ、出店予定地付近のゴミ捨て場をみればよいでしょう。ゴミ袋に使われることが多いスーパーマーケットの袋をみれば、競合店がわかります。そして、競合店を観察し、それに勝てるだけの価格と品揃え、サービスなどを提供すればよいわけです。

このように、「目のつけどころ」と「知りたい事がら」とのあいだには、一定の**仮説**が存在することがわかります。つまり、**A をみれば B がわかる**と

人生は何事もなさぬにはあまりにも長いが、何事かをなすにはあまりにも短い。　　　　（作家　中島敦）

いう形の仮説があるわけです。そう考えると、観察は犯罪捜査と基本的に同じ構造をもっていることがわかります。犯罪捜査では、現場に残された遺留品や証拠となる事がらを手がかりにして、ホシ（犯人）を特定していきます。ここでも、何が証拠となるかは、捜査する側の**仮説力**にかかっています。したがって、誰も注目しなかった些細な事がらに、1人の熟練した刑事だけが注目した、という刑事ドラマによくある設定は、まさに仮説力の差によるものといえます。

さて、犯罪捜査における犯行と証拠との関係は、行動とその痕跡との関係でもあります。つまり、犯罪捜査の背景には、**人間は行動の痕跡を残す**、という大きな仮説があります。これは、観察における「目のつけどころ」にも共通するものです。行動とその痕跡について考えるヒントとして、瀬戸山玄氏の『東京ゴミ袋』や石井忠氏の『漂着物事典』を紹介します。瀬戸山氏は、東京の各所に捨てられたゴミを詳細に観察し、そこから都市の人間模様を明らかにしました。たとえば、新宿コマ劇場に捨てられたゴミの観察から、演歌歌手や出演するスターによって、そのファンが残す飲み物や弁当の中身に大きな差があることを明らかにしています。つまり、ファン層の違いによって、行動様式や飲食の好みがかなり異なることがわかります。一方、石井氏は、玄界灘沿岸に流れ着いた数々の漂着物（ヤシの実、貝殻、ビン、宣伝ビラ、日用品など）を数十年にわたって記録しました。そして、漂着物の一点一点について、詳細に考察し、海の向こう側の出来事にまで想像力をはたらかせています。瀬戸山氏と石井氏の作品は、いずれも**出口**に着目し、**入口**を想像するという視点に立っています。瀬戸山氏はゴミという行動の最終地点に、石井氏は漂着物という海の最終地点に、それぞれ着目したといえます。ここから学ぶべきことは、出来事や行動の最終地点（出口）に着目するという「目のつけどころ」です。

参考になる本
瀬戸山玄『東京ゴミ袋』ちくま文庫、2004年。
石井忠『漂着物事典』朝日文庫、1990年。

HOME WORK 07

プレゼンテーションに使った写真データを整理しておきましょう。
1. 撮影した日付、場所を記録します。
2. 写真にタイトルをつけましょう。自分の印象や、そのときの状況を表すもので、他の人の興味をひくようなユニークなタイトルにしてください。
3. 好きな写真を1枚選んで俳句を作ってみましょう。

人生を喜びなさい。なぜなら人生は、愛し、働き、遊び、星を見つめるチャンスを与えてくれたのだから。
（作家　ヘンリー・ファン・ダイク）

第8章 生活プランをどう立てるか
―― 生活するということ

この章のねらい
- ●これからずっと続けられる生活プランを作ろう。
- ●絡みあった問題をコンセプトマップで解こう。
- ●グループワークのスキルをつけよう。

Scene・08　　生活費が赤字だ！

　一人暮らしはお金がかかります。引っ越し代に始まり、ベッド、机、テレビ、パソコンなどの買い物、教科書、ノートなど新学期の準備が一通り終わった健太君ですが、今度は毎月の家賃、インターネット代、携帯代、食費、ゲーム代、クラブやサークルのつきあい、夏用に洋服も買い換えなければいけません。この1か月は14万5000円もかかってしまいました。仕送りは7万円、アルバイト代の5万円を加えても2万5000円の赤字です。

　できれば車かバイクを買って、楽しい生活をと夢見ていたのに、それどころではありません。もっとアルバイトをしなければいけないのかなあと考えています。コンビニのバイトは深夜のシフトを入れれば時給がいいのですが、夜勤明けの日は1時間目の授業に遅刻しがちです。何とか出られても、眠くてとても授業になりません。

　自宅生の美咲さんは、もっとシンプルな生活費です。携帯に1万2000円、コンタクト代3000円、食費はお昼とお菓子で1万円。親が出してくれるお小遣いは交通費込みで3万5000円。2万9000円のアルバイト代を合わせれば、少しおしゃれもできます。でも、英会話の学校にも行きたいし、スマホも新型にしたい、となるとぜんぜん足りません。通学時間が長いので、アルバイトを増やすとつらくなります。夏休みには友だちと旅行もしたいのに、今月は2000円しか貯金できません。

第8章 ● 生活プランをどう立てるか

大学生活のリズムに慣れてきたら、生活プランを立てましょう。大学生の生活はいままでとは違って、自分で組んでいかないと始まりません。生活プランを組む上でまず必要なことは、経済面で持続できるものにすることです。

コンセプトマップで「見える化」する　　　Work・08-1

健太君と美咲さんの5月の生活費は次の通りです。健太君は初めての一人暮らしで、料理は苦手、お昼は学食で食べ、夕食はコンビニか外食で済ませています。これに、サークルや友達のつきあいを入れると、どうしても食費がかさみます。朝はぎりぎりまで寝ているので、朝食は抜いてしまいますが、あまり生活費の足しにはなりません。ゲームの課金は削るわけにいかないし、これ以上なにを節約すればよいかわかりません。自分では、それなりにムダのない生活をしているように思うのですが……。

美咲さんは、収支は合っていても結構カツカツで、不意の出費があると、親から出してもらわなくてはなりません。

> この章では4章で宿題に出したワークシート08-1を使います。

健太君5月の生活費

収　入		支　出	
家庭から		住居費	50,000
仕送り	70,000	食費	36,000
		教養娯楽費	
アルバイト代	50,000	携帯代	13,000
		インターネット代	4,000
		書籍・コミック代	5,000
		ゲーム代	4,000
		服飾費	10,000
		交通費	5,000
		生活用品費	8,000
		日常費	10,000
		翌月への繰越し	0
貯金から	25,000		
合計	145,000	合計	145,000

美咲さん5月の生活費

収　入		支　出	
家庭から		食費	10,000
交通費	10,000	教養娯楽費	
お小遣い	25,000	携帯代	12,000
アルバイト代	29,000	書籍代	2,000
		服飾費	15,000
		交通費	10,000
		生活用品費	
		コンタクト代	3,000
		その他	2,000
		日常費	8,000
		貯金	2,000
合計	64,000	合計	64,000

この2人、このままでは生活費が足りなくて、長い目で見ると生活プランが立ちません。コンセプトマップを使って、3人ひと組でチームを作り、健太君と美咲さんの問題を解決してください。

　まず、模造紙ぐらいの大きな紙を用意して、ワークシート08-2のような図を描きましょう。紙の中心には、2人の共通の問題である「生活費が赤字だ」と書きましょう。困っている健太君と美咲さんの絵を描いてもよいです。次のような手順に従って、問題を解決しましょう。

ワークシート ◆ 08-2　コンセプトマップ

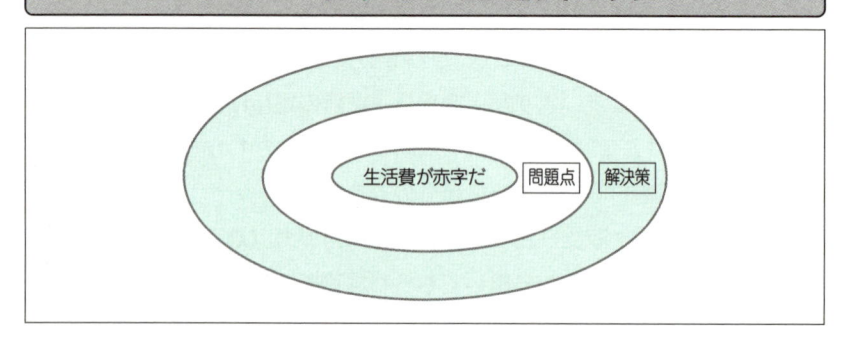

（図：同心円の中心に「生活費が赤字だ」、その横に「問題点」「解決策」のラベル）

point ▶
① 生活費が赤字であることから生じる問題は、健太君と美咲さんでは少し異なるようです。ここでは2人を区別せず、問題点と考えられる事がらを、ワークシート08-1を参考にして、中心からひとつ外側の円に書いてください。
② ①で書いたさまざまな問題点と「生活費が赤字だ」を線で結びましょう。

コンセプトマップで問題の解決策を考える　　Work・08-2

　Work 08-1で問題点がみえてきました。次は、どうしたら問題が解決できるか考えてみましょう。

point ▶
① Work 08-2で描いたコンセプトマップの原因に注目しましょう。
② それぞれの問題点を解決するための解決策を考えましょう。
③ 解決策を、問題点のひとつ外側の円に書きましょう。
④ 解決策と問題点を線で結びましょう。
⑤ 3人で議論して共通の見解を作り、発表の準備をしましょう。

　解決策を考えるときに注意しなければならないのは、ただ収入を増やせばよいのではないことです。仕送りを増やしてもらえれば簡単ですが、普

人生はすべて次の2つから成り立っている。したいけど、できない。できるけど、したくない。
（詩人・哲学者　ヨハン・ヴォルフガング・フォン・ゲーテ）

第8章 ● 生活プランをどう立てるか

通はムリだと思っていた方がよいでしょう。かといってアルバイトを増やせば、睡眠時間を削らなければならなかったり、授業に出られなくなったりという危険があります。ここは、まず支出を減らすことが求められているとして考えてみましょう。

Study・08-1　コンセプトマップとは

コンセプトマップは問題解決のための手法の1つです。思いつくままにアイデアを出して、そのつながりを図にすることで概念を整理することができます。このワークでは、まず、①テーマを設定します。つぎに、②その原因はどこにあるのか、③問題は何か、そして④どうすれば解決できるのかを考えてもらいます。**コンセプトマップ**という方法は、自分の頭を整理するためや、グループワークで問題解決をしていくときにも使えます。

短時間でグループの意見をまとめるには、コツがあります。とくにコンセプトマップを作るときには、できるだけたくさんのアイデアを出して、関係するものをくくっていくことが必要です。1人がすべてを話すのではなく、各メンバーが少しずつアイデアを出し合って、まず書いてしまうことから始めた方がいいでしょう。それをながめながら、つながりを言い合っていけば、議論ができるはずです。

column　借金はおそろしい

大学生活は刺激にあふれています。新しい世界が広がった分だけ、あれも欲しい、これもしたいと思ってしまいます。洋服、携帯、ゲーム機、バイク、旅行、美容整形（？）。でも、持っているお金は限られているし、時間もありません。したいことをすぐに実現しようとすると、借金に頼りたくなります。友だち、カードローン、キャッシング、学生ローンなどなど。

この章では、したいことに優先順位をつけて、生活が維持できるようにするWorkをしました。「優先順位をつける」とは、言いかえれば、基本的な方針を決めて、いまは何をあきらめるかということです。これができなければ、借金がドンドンかさんでいきます。借金を返すためにはアルバイトに精を出さなければならなくなって、大学にも行けなくなり、授業についていけなくなって興味もなくなり、ついには留年したり、学業をあきらめなければならないことになります。世の中は予想通りには進みませんし、自分の都合のいいようにはいきません。

やりたいことの中には、社会に出てからならもっと簡単にできることもあるはずです。大学1年生として、いま何が一番大事かを決めて、身の丈にあった生活を工夫していくことを努力してみてください。きっとこれからの生活に役に立つはずです。

金は借りてもならず、貸してもならない。貸せば金を失うし、友も失う。借りれば倹約が馬鹿らしくなる。
（作家　ウィリアム・シェイクスピア）

解決策を発表しよう　　　　　　　　　　　　　Work•08-3

　3人のグループで役割を分担します。これからは発表と討論の練習です。グループで考えたことを発表する人、他のグループに質問する人、それに答える人と3つの役を分担します。練習ですから、みんなができるようになりましょう。今回は、ジャンケンをして一番に勝った人が発表、次の人が質問、最後の人が答えるという役回りにしましょう。

　発表するグループの順番はジャンケンで決めてもよいでしょう。発表は、生活費が赤字になる問題点は何で、どうすれば解決できるのかを、コンセプトマップを示しながら2分間で説明してください。時間に制限がありますから、一番重要なポイントを短く述べて、解決策をわかりやすく話すことが必要です。

　別のグループから質問者を出します。この順番も決めておきましょう。たとえば、前に発表したグループが質問をすると、順繰りになってやりやすいでしょう（発表したあとで質問した方が気楽です）。質問するのも答えるのも1回だけ、逆質問はなし、というルールにしておけば、あまりプレッシャーにはなりません。

発表、質問、回答は、ハッキリと、相手の目を見て大きな声で。これを繰り返していくうちにだんだんとうまくなっていきます。

発表する人　　質問する人　　答える人

---

column
質問がないときはどうするか

　発表を聞いてすぐに質問するのは、結構たいへんですよね。困ったときのヒントをあげましょう。①○○とは何ですか？　とか、②××の具体例を話してください、というのはいちばん簡単にできる質問です。それも出せなかったら、最後の手段は、③とりあえず発表をほめる、という手もあります。ただし、こんなことばかりやっていると、すぐにみんなに飽きられてしまいます。本当によい質問は、「自分はこう思いますが、発表ではこう言っていましたよね、それはなぜですか？」というように、自分の意見を言う質問です。

もし人生が2回あればお母さんの言う通りに高校へ行くけど、1回しかないんだから自分の自由にさせてください。
（プロレスラー・総合格闘家　船木誠勝）

自分の生活費　　　Work•08-4

第4章で、自分の生活費を記録する宿題がありました。いままでの発表と討論を参考にして、改善点を発見し、次頁のワークシート08-3にまとめましょう。また、改善後の生活費をワークシート08-1の右側に記入しましょう。

ワークシート ◆ 08-1　生活費の現状と改善案

現在の生活費

収　入		支　出	
家庭から		住居費	
アルバイト代		食費	
		教養娯楽費	
奨学金		携帯代	
		インターネット代	
		書籍代	
		服飾費	
		交通費	
		生活用品費	
		日常費	
		貯金	
合計		合計	

改善案

収　入		支　出	
家庭から		住居費	
アルバイト代		食費	
		教養娯楽費	
奨学金		携帯代	
		インターネット代	
		書籍代	
		服飾費	
		交通費	
		生活用品費	
		日常費	
		貯金	
合計		合計	

改善案ができたら、右のチェックシートを参考に生活費の分析をしてみましょう。

- □収支は赤字ではないか。
- □アルバイト時間は適切か。授業や他の生活にしわ寄せがいっていないか。
- □ムダな出費、過大な出費はないか。
- □切り詰めすぎていて、生活や健康に支障が起こっていないか。
- □そのほかの改善点はないか。
- □足りなくなったときに相談できる人はいるか。

人生は道路のようなものだ。一番の近道は、たいてい一番悪い道だ。　　（哲学者　フランシス・ベーコン）

ワークシート ◆ 08-3　生活費の改善点

- 改善点1
    その理由

- 改善点2
    その理由

- 改善点3
    その理由

- 改善点4
    その理由

- 全体として今後の生活の展望
    いつごろ見直すつもりか

Study・08-2　大学生の平均生活費

　健太君と美咲さんの生活費を分析し、発表、討論によって、いろいろな人の考え方を知った上で、自分の生活費を振り返ってみます。自分で生活を作っていくのが大学生活の第一歩。そのためには、まず経済面で持続可能な生活設計が必要です。

　ちなみに、大学生の平均的な生活費は、いろいろなアンケート調査がありますが、下宿生はだいたい13万円ぐらい、自宅生は6万円ぐらいです。住居費は地域差がありますが、東京圏では高くなります。食費は、下宿生が2万9000円、自宅生は1万円ぐらい、教養娯楽費は1万2000円ぐらい、その他の費用は1万円ぐらいです。

　収入面では、家庭からの仕送りの平均は8万円～9万円ですが、家庭によって差が大きいのが実情です。アルバイト代収入は、平均3万円前後ですが、自宅生の方が多くなる傾向があります。

　日本学生支援機構の調査によれば、学費も含めた家庭からの給付は、自宅生が年間で約121万円、下宿生が約183万円です。国公立大学はそれぞれ50万円ほど少なく、私立大学では20万円ほど多くなっています。

　次のグラフは、男女別・学歴別の賃金（標準労働者、所定内給与、中位値）です。

宿題がきっかけで家計簿をつけるようになりました。
レシートも捨てずに保管してあります。

生きるとは呼吸することではない。行動することだ。　　　　（哲学者　ジャン＝ジャック・ルソー）

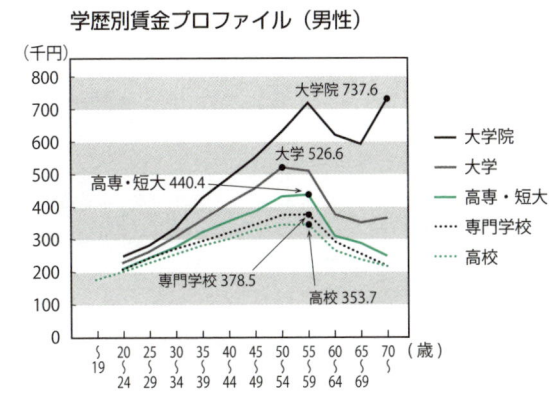

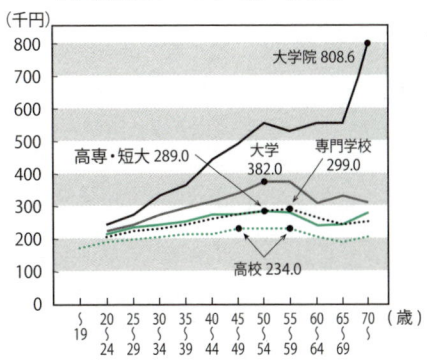

第8章 ● 生活プランをどう立てるか

学歴別賃金プロファイル（男性）

（千円）
- 大学院 737.6
- 大学 526.6
- 高専・短大 440.4
- 専門学校 378.5
- 高校 353.7

学歴別賃金プロファイル（女性）

（千円）
- 大学院 808.6
- 大学 382.0
- 専門学校 299.0
- 高専・短大 289.0
- 高校 234.0

厚生労働省『賃金構造基本統計調査令和2年』

　たとえば、フルタイムで働いている50～54歳の男性の賃金は、大学院卒63.7万円、大卒52.7万円、高専・短大卒44.0万円、専門卒37.6万円。女性は、同じく、大学院卒55.8万円、大卒38.2万円、高専・短大卒28.9万円、専門卒28.8万円です。年間100万～200万円の教育費負担は、フルタイムで共働きの家庭にとっても、かなり大きなものとなっています。

HOME WORK 08

身近な働く人に、「働く喜びと苦労」についてインタビューをしましょう。インタビューは、①まずインタビュー相手の職業・職種とその概要を聞いた上で、②「その仕事について、どんなとき充実感や喜びを感じるか（感じたか）」という肯定的側面と、「どんなときつらさや苦労を感じるか（感じたか）」という否定的側面を聞きましょう。下のワークシート09-1にまとめてください。

ワークシート ◆ 09-1 働く喜びと苦労

	肯定的側面	否定的側面
インタビューした内容		
「働く意味」についての意見		

　人生は一箱のマッチに似ている。重大に扱うのはばかばかしい。重大に扱わねば危険である。

（作家　芥川龍之介）

さらに学びたい人のために

> 次の章では卒業後の職業選択について考えます。就活などの現実的な話も気になるとは思いますが、まず、自分にとって働くとはなにか、ということについて考えてみてください。
> そのヒントになる本や映画をあげておきます。

★働くとは何かを考えるための映画

ウォール街
Wall Street　1987年　オリバー・ストーン監督

貧乏生活に嫌気を感じていた若手証券マン、バド（チャーリー・シーン）はある日、冷酷かつ貪欲な投資銀行家のゴードン（マイケル・ダグラス）と出会い次第に感化されていきます。地道な仕事こそ大事だと信じる父親に反抗しながらわが道を行こうとしますが…。

山の郵便配達
1999年　フォ・ジェンチイ監督

中国・湖南省西部の山間地帯を3か月もかかって郵便配達する父。不在がちな父に心の隔たりを感じていた息子でしたが、ある日共に郵便の旅にでかけます。単純な郵便配達という仕事が山村では人と人をつなぐ重要な仕事であり、また父が人々から信頼を寄せられる人物であることがわかり、青年の胸に父への尊敬と働くことの責任感が芽生えます。

★さらなる読書のために

『いま、働くということ』　働く意味をより深く考える
大庭健　ちくま新書　2008年

人は何のために働くのか。そう自問するとき、働くことが何かもっと高い目的のための手段のようにみえてしまうことはないでしょうか。その落とし穴を回避しながら、働くことの意味を求めてどんどん深い部分に思索を及ぼしていきます。

『10年後、君に仕事はあるのか？──未来を生きるための「雇われる力」』
藤原和博　ダイヤモンド社　2017年

コミュニケーション、ロジカルシンキング、シミュレーション、ロールプレイ、プレゼンテーション。AIに仕事を奪われないリテラシー。基礎的人間力、情報処理力を超えた情報編集力とは。高校生向けの本ですが、大学生ならもっと深く読めるはずです。

『「働く」を考える』（なるにはBOOKS別巻）　職業について考え始める
梅澤正・脇坂敦史　ぺりかん社　2003年

セルフ・チェックをしながら自分の人生観の確認、職業の見方、自己分析の仕方を学べる、就職活動の入門書です。ただし、「職業」に力点があるので、組織についての理解を助ける読書を加えることが望ましいところです。

高杉良、城山三郎らの企業小説　組織で働くことをイメージする

企業などの組織の内部の実態は、組織論などの理論書からイメージを膨らませることは難しいので、企業活動を題材にしたビジネス小説、経済小説から学ぶのがお勧めです。ただし、普段の仕事が日々ドラマティックであるというわけではないのでご注意を。

第9章 卒業したらどうするか
──働くということ

この章のねらい
- 人が働くとはどういうことなのかを考えよう。
- 世の中にはどのようなタイプの仕事があるかについて考えよう。
- 組織の中で働くという意味を考え、そこから遡って大学時代に培っておくべき能力について考えよう。

Scene・09　働くことについて考える

　日本では「新卒一斉採用方式」といって、学校を卒業すると同時に就職するのが一般的です。そのため、卒業してすぐに経済的に自立した生活を送らなければなりません。しかし、日本経済が低成長となった90年代から卒業後も正社員になれないフリーターや就業しないニートになる若者が増えてきているようです。学費や生活費のことについて学んだ健太君は、あと3、4年のうちに社会人にふさわしい能力や資質が身につくのかどうか、自分が就職するときに世の中の景気がどうなっているのかについて少し不安を感じています。

　他方で、働くということは自分の力を存分に発揮して活躍することでもあるはずです。小さいころの夢を実現するチャンスであるかもしれません。でも、健太君も美咲さんもまだ、近い将来自分がどんな仕事をしたいのか、どんな仕事がふさわしいのかよくわかりません。そもそも働くことの意味がよくわからないのです。2人ともアルバイトをしたことがありますが、キャリアカウンセラーをしている美咲さんの伯父さんからは「アルバイトは定型化されマニュアル化された仕事が多いし、業界の偏りがあるから、それだけで職業世界を理解するのは無理があるなぁ」と言われてしまいました。

　そこで、健太君と美咲さんは一緒に就職のこと、働くことについて考えてみることにしました。

3年後

みなさんにとって就職はまだまだ先のことだと思えるでしょう。しかし、職業選択という人生の重大な意思決定にはじっくり時間をかけるべきですし、それを考えることでこれからの大学生活のあり方について考え直すことができます。

みなさんはまだ本当の意味で働いた経験がありませんから、Work をとおして想像力を働かせて考えてみましょう。

働くことの意味を考える　　　　　　　　　　Work•09-1

「働くことの喜びと苦労」についてインタビューして、ワークシート 09-1 にまとめてきた結果を報告しあいましょう。他のメンバーの意見もメモしておきましょう。

ワークシート ◆ 09-1　働く喜びと苦労

	肯定的側面	否定的側面
インタビューした内容		
「働く意味」についての意見		

もし3億円当たったら？　　　　　　　　　　Work•09-2

働く意味について考えるために、極端なケースをイメージしてみましょう。仮にあなたが職業をもっているとして、もし3億円の宝くじが当たったら、働くのをやめるでしょうか。その答えと理由をワークシート 09-2 に記入してください。

point
① 自分なら働くのをやめるかどうか、(1)その理由、(2)理由が消滅したらどうするか、をまとめ、終わったらグループで意見交換します。
② (3)に他のメンバーの意見も書き留め、(4)私が考える「働くことの意味」をまとめます。
③ グループの意見を発表する場合は(5)にまとめます。

ワークシート ◆ 09-2　宝くじが当たったら

3億円の宝くじが当たったら働くのを（やめる・やめない）	
(1)その理由	
(2)理由が消滅したらどうするか	
(3)他のメンバーの意見	
(4)私が考える「働くことの意味」	
(5)グループとしてのまとめ	

自分には運が向いてこないから駄目だというやつがいるが、そんなことを気にして勤めているからいけない。君の仕事に君の最高の仕事をしたらすべて解消される。

（政治家　池田成彬）

Study・09-1　働くことの意味

仕事の本質は、**職業の3要素**としてまとめられます。それは、①生計の維持、②個性の発揮、③連帯の実現です。ある仕事が存在するのはなぜか、それは誰のため、他のどんな仕事のために存在していて、その誰かや仕事はさらにまた何のために存在しているのか……。このように自問を繰り返していけば、結局のところ、仕事というのは人々が分業し、相互に必要なものを提供しあうというネットワークの中で、その一部を担うという意味のあることがわかってきます。もちろん、自分の能力を最大限発揮することも働く喜びではありますが、それだけで終わらず、社会の役に立ち、周囲から認められることが働く喜びの大きな源泉なのです。

こうして仕事は、経済的自立の手段（**①生計の維持**）であるばかりでなく、それを通して人や社会を学び、自分自身の可能性を広げる人間的成長の場（**②個性の発揮**）でもあり、また仲間から承認を得ながら共によき社会づくりに参画する機会（**③連帯の実現**）ともなっています。

このことから、仕事は人が自己実現を達成するために欠かせない活動であり、その場がないことは人生にとって大きな損失であるとわかります。

column　専業主婦は職業か？

「職業」が3つの要素から成り立っているとするならば、定義上、経済的報酬をともなわない家事労働や、それをもっぱら行う専業主婦は「職業」ではありません。

家事労働は、資本主義の発展にともない、有償労働以外は正当な労働とみなさないという風潮が広まる中で軽んじられる傾向があります（そのため「シャドウ・ワーク」と名づけられています）。しかし、家事労働のうち、子どものしつけ・教育、学校活動や地域活動などは大きな社会的な意味をもっています。また、食文化など、家庭や地域の生活文化継承の機能も果たしています。したがって、家事労働はたとえ「職業」と呼ばれなくても、また利益や賃金といった報酬の多い少ないで仕事の成果を測ることができなくても、「連帯の実現」（社会貢献）に寄与するりっぱな「仕事」です。

家事労働と同じく、ボランティアなども無償労働ですが、毎日反復しなければならないこと、随時に行うということができないこと、限定された地域と長期の付き合いをしなければならないことなどを考えると、ボランティアのようには目立たないものの、家事労働こそが社会の基礎を地道に支える仕事であるといえるでしょう。

下足番を命じられたら日本一の下足番になってみろ。そうしたら、だれも君を下足番にはしておかぬ。
（阪急東宝グループ創業者　小林一三）

さまざまな仕事を知る　　　　　　　　　　　　Work・09-3

　世の中には約2万8000もの職業が存在しています（厚生労働省『労働省編職業分類』）。このすべての職業について勉強してから就職を考えなければならないとしたら、一生かかっても時間が足りないでしょうし、また実際にはその必要もありません。

　まず、自分は社会的にどのような役割を果たす仕事に興味を持てそうなのかを知り、業界や仕事を大まかに絞るのが有効です。特定の企業や職種はそれから考えればいいのです。

　ここでは、身近にある商品を1つ選んで、その品物が私たちの手元にやってくるまでにどんな仕事が関わっているのかを書き出してみましょう。そうすることで、材料が形を変え、最終的に私たちが消費するまでの流れがわかり、同時に、そこにはいろいろな仕事が関係していて、全体の中でそれぞれの役割を果たしていることがおぼろげながらも見えてくるだろうからです。

　例として、コンビニのチョコアイスを取り上げてみましょう。

point

① コンビニのチョコアイスを「私」が買うという段階から遡って、モノの生産から販売・消費までのフローチャートを作ります。

　まず、模造紙を机の上に広げ、紙の下部に「チョコアイス」と書き、○で囲みます。それをさらに囲むようにして□を書いて、そこにコンビニと記入してください。その下に「自分」と書いて□で囲んでコンビニの□と線でつないでください。これで準備完了です。

　では、それが何からできているか（製品の原材料やパッケージなど）に注意しながら、「それがどこからきたか」と自問し、他のメンバーと議論しながら、モノの流れを遡っていきましょう。そのとき、モノの名前を書いたら○で囲み、その製作場所、運搬場所、販売場所の名前を書いたら□で囲んでください。

　モノの流れを示す線は途中でいくつに分かれてもかまいません。

② できあがった図をみて、関係する人と職業名をすべて書き込みましょう。また、予習でインタビューした方の職業（職務）はあるかどうか考えてみましょう。

　やりたいことをやってもよろしい。言いたいことは言いなさい。が、与えられたことはきっちりやらなければならない。
（プロ野球監督　三原脩）

6つのタイプ

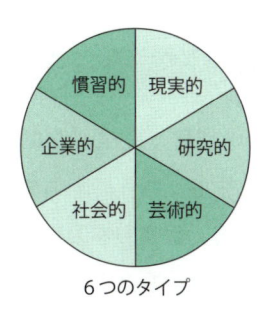

③ 先生の「職業タイプ」についての解説を聞いたうえで、書き出した主な職業（職務）について、左図の6つのタイプのうちのいずれに相当するかを議論しながら、ワークシートに記入しましょう。1つの職業（職務）について複数のタイプが関係するかもしれません。

④ 6つのタイプのうち、自分はどれに関心があるかを考え、A：最も関心のあるタイプとB：次に関心のあるタイプをワークシート09-3に記入しましょう。

ワークシート ◆ 09-3　職業のタイプ、私のタイプ

職業名（職務）	当てはまるタイプ
私のタイプ　A.	B.

Study・09-2　仕事と私の関係

　私たちは職業の名前、とくに弁護士や高校教師といった「士」や「師」のつく職業の名前を聞くと、あたかもそれが世の中に独立して存在しているように感じてしまいがちです。しかし実際には、あらゆる職業や職務は全体の活動の一部を分担して受け持つという役割を担っていて、作り手から受け手までの経路の中に互いにつながりあいながら位置しています。

　学生時代はまだ消費することが主な立場ですから、就職活動の業種・職種の選択においても、ついつい消費者にいちばん近いところに目がいってしまいますが、それは全体のごく一部です。作り手から受け手までの全体の流れを考えることで職業をみる視野が広がり、また流れの各段階を意識することにより、すべての職業名を調べなくてもどのような性質の職業が存在するかを大雑把につかむことができるはずです。

　さらに職業の性質がわかれば、自分自身の性格や関心事を考えて、自分はどのような性格の職業に適しているかを考えることもできるでしょう。しかし、自分を知ることもなかなか大変ですから、これから就職活動の時期までにじっくりと自分と向き合いましょう。予習でインタビューした相手の方がどのようなタイプかを考えることも参考になるでしょう。

やった人にだけノウハウがつき、スキルがつく。ノウハウがない、スキルがないからと勝負に出るのをやめるなんて、大変な勘違いです。　　　　　　　　　　　　　　　（TSUTAYA創業者　増田宗昭）

Study・09-3　組織で働くための能力と大学生活

　先に触れたような弁護士や高校教師といった「士」や「師」のつく仕事は**職業**としてイメージしやすいものです。それは相当の程度、個人の能力を基礎的な単位として成立している仕事だからです。一方、組織の中のある部分を担う仕事の場合、それらは**職種**と呼ばれるべきもので、職業という言葉とはなじみにくく、また組織の中の協働関係に隠れてしまって具体的な仕事内容がイメージしにくいのです。しかし、現実はそうした仕事の方が圧倒的に多いのです。そして、弁護士や教師も法律事務所や学校という組織の中で働く場合がほとんどです。したがって、働くことを考える場合、**組織**の中で働くということをイメージしなければなりません。

　そうなると、就職を考えるに当たっては、特定の職業（職務）に必要な資質や能力のことを考えるだけでは足りないということがわかると思います。就職活動を応援する書籍には、この、組織に関わる部分が手薄であることが多いので注意しましょう。

HOMEWORK 09

ワークシート 03-2（33 頁）を参考に、ワークシート 10-1 に現在の状況と自分の予測を書き込み、そう考える根拠も記入しておきましょう。

ワークシート ◆ 10-1　社会の未来予想図

例示した項目について調べたうえで、自分の関心のある項目を追加し、シートを完成させましょう。

項　目	現在の状況	20 年後の状況（予想）	根拠・出典
世界の総人口			
日本の総人口			
日本の高齢人口数（65 歳以上）			
日本の年少人口数（15 歳未満）			
日本の経済成長率			
日本の大学進学率			

（記入上の注意事項）
1．数値を記入する項目は、できるだけ新しい統計を活用すること。現在の状況と 20 年後の状況については、その根拠や出典を記入すること。
　（資料・文献の著者名、資料・文献名、出版社、出版年、ページ。ウェブの場合は、URL と参照した日付・時間）
2．追加する項目については、必ずしも数値データで表現されるものに限定しない。
3．ワークシート 03-2（33 頁）に類似のデータがあります。参考にして作成しましょう。

> 好き嫌いっていうのは、信用していないです。やっていたら、好きになるんじゃないですか。
> （ファーストリテイリング社長　柳井正）

さらに学びたい人のために

学生を選ぶにあたって、企業はなにを重視しているのでしょうか。
学生がアピールしやすい資格やクラブ活動は重視されていません。企業は形式的なものよりも、組織の中で働くための実質的な能力や態度を重視しているのです。

企業は学生のどこを重視しているか

　図9-1は、日本経済団体連合という企業の協議団体が毎年発表している資料です。これによると、企業が採用に当たって重視している点は、コミュニケーション能力、主体性、協調性、チャレンジ精神の順となっています。

　こうした能力・態度を培うには、大学のクラブやサークル活動、文化祭や体育祭などの学内行事に積極的に取り組み、経験から学ぶことが有効です。しかし、それだけでは不十分です。人、社会、自然についての基本的な知識は、基礎学力として当然身に付けておかなければなりません。実社会からは、知識と態度の両方が求められているのです。

　また、就職は必ずしも職業や職種を選ぶことに直結しないことを覚えておきましょう。日本の場合、企業や役所などの組織は一括して採用者を決めてから、1人ひとりの適性に応じてさまざまな部署に配置することが多いのです。開発や企画などがやりたくても、まずは営業部に配属されるというのもよく聞く話です。ですから、自分の関心だけに目を向けるのではなく、まずは企業という組織がどんな人材を求めているかということから自分を振り返ってみるのもよいかもしれません。

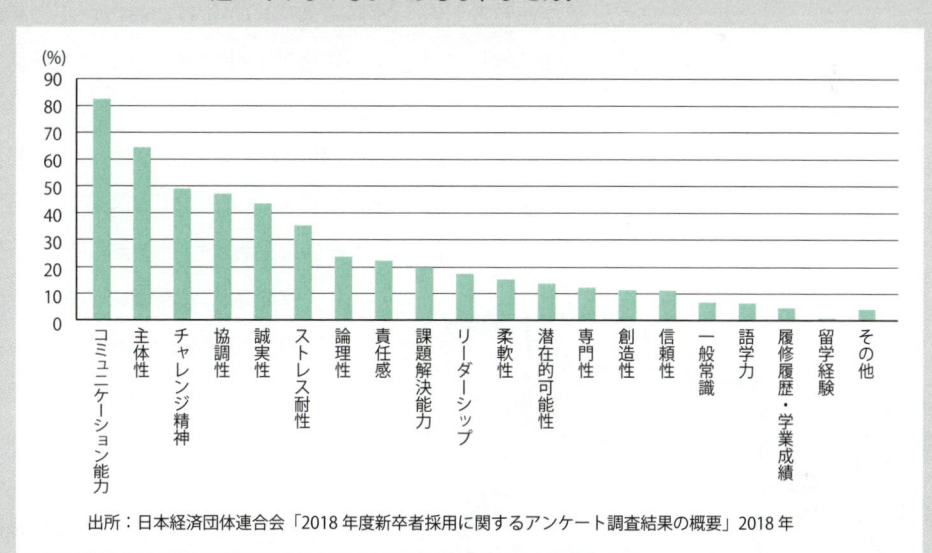

出所：日本経済団体連合会「2018年度新卒者採用に関するアンケート調査結果の概要」2018年

図9-1　選考に当たっての重視点

今の大会社に行こうと思うな。未来の大会社に行きなさい。　　　（実業家・作家　邱永漢）

第10章 生活と人生のデザイン
——ライフデザインを描くということ

この章のねらい
- 大学時代をどうすごすか、まとめてみよう。
- 人生の夢をどう実現させるか、考えよう。
- 目標に到達するには計画が重要なことを知ろう。

Scene・10　親の姿を見て将来について考える

　健太君と美咲さんは、卒業後の人生について考え始めました。健太君は、お父さんのような仕事人間にはなりたくないと思っています。健太君のお父さんはいつも多忙で、休日に家族とすごしたり、健太君と遊んでくれることはほとんどなかったのです。美咲さんのお母さんは専業主婦です。美咲さんが大学生になり、弟も高校生になって手がかからなくなったのに、最近なんとなく元気がありません。家族に尽くしてくれたお母さんに感謝しつつも、美咲さんは結婚して子どもができても仕事を続けたいと考えています。

　健太君も美咲さんも、就職するのは簡単ではないことや、しっかりした生活設計を持っていないと苦しい暮らしに追い込まれていくことに気づいています。けれど、どうやったら具体的な未来設計ができるのでしょうか。

　就職活動の準備のつもりで、最初は自分の夢を制限することなく、将来の職業選択についてできるだけ多くの予測を立ててみることから始めましょう。健太君と美咲さんは、20年後の社会と自分の未来予想図について想像し、それに向けての行動計画を作ってみることにしました。

第10章●生活と人生のデザイン

　第8章・第9章で学んだことに基づいて、卒業後の生活設計を考えてみましょう。みなさんの多くは、卒業後、就職という道を選ぶことになります。そうなると、実社会の中で自分の役割を確保していかなければなりません。そのためには、どんな準備をしたらよいのでしょうか。

Study・10-1　未来予想図の意味

　ふだんはあまり意識していないかもしれませんが、毎日の生活は自分ひとりで成り立っているものではありません。大学に通学する場面を考えてみても、途中で使う交通機関が正常に動くために、多くの職業の人々が支えてくれています。私たちが毎日食べているものも同じです。それぞれの食材が、生産から流通過程をへて料理として食卓にあがるまでには、さまざまな人々が関わっています。

　就職するということは、人々の生活を支える輪に、自分も加わるということを意味します。人々の幸せを支えるとともに、自分も幸せになるために、どのような仕事が自分に向いているかを考える必要があります。

　しかし、20年後の社会では、現在の職業や仕事が、大きく様変わりしている可能性があります。そのため、20年後を見越した就職戦略を考える必要があるのです。社会の未来予想図を考える意味は、そこにあります。

社会の未来予想図　　　　　　Work・10-1

　20年後、あなたは何をして、どんな世界に住んでいるでしょう。住んでいるのは日本か外国か、仕事は何で、家族はいるでしょうか。

　未来を予想することは、そう簡単ではありません。しかし、20年後に20歳の大学生になるであろう人々は、もう誕生しています。そう考えると、自分が生まれ育ってきた20年を参考にしながら、これからの20年を予想することは、そう難しいことでもありません。

　そこで、20年後の社会における、仕事（職業）、産業、暮らしなどについて、ワークシート10-1で予想してみましょう。その結果を隣りの席の友人などと比べてみましょう。

ワークシート ◆ 10-1　社会の未来予想図

例示した項目について調べたうえで、自分の関心のある項目を追加し、シートを完成させましょう。

項　目	現在の状況	20年後の状況（予想）	根拠・出典
世界の総人口			
日本の総人口			
日本の高齢人口数（65歳以上）			
日本の年少人口数（15歳未満）			
日本の経済成長率			
日本の大学進学率			

（記入上の注意事項）
1. 数値を記入する項目は、できるだけ新しい統計を活用すること。現在の状況と20年後の状況については、その根拠や出典を記入すること。
（資料・文献の著者名、資料・文献名、出版社、出版年、ページ。ウェブの場合は、URLと参照した日付・時間）
2. 追加する項目については、必ずしも数値データで表現されるものに限定しない。
3. ワークシート03-2（33頁）に類似のデータがあります。参考にして作成しましょう。

Study・10-2　旅行計画とライフデザイン

　1年生の時期から、将来の生活設計を考えることに、息苦しさを感じる人もいるかもしれません。また、計画しても人生はその通りにいかないのだから意味がないのでは、と思うかもしれません。しかし、たとえ人生が計画通りにいかなくても、計画を立てることにはそれなりの意味があります。

　将来の生活設計を、海外旅行の計画にたとえてみましょう。海外旅行をするには、行き当たりばったりではうまくいきません。限られた時間と予算のなかで旅行を楽しむためには、観光地やホテル、交通、持ち物など、事前に準備と計画をしっかりしておくことが大切です。もちろん、旅にはトラブルがつきものですから、実際には計画を変更せざるをえないことが多々あります。しかし、そもそも計画がなければ計画変更もなく、次にとるべき行動もわかりません。だからこそ、事前に計画を立てることが重要なのです。また、計画を立てるプロセスは、旅行そのものと同じくらい楽しい作業でもあります。ですから、生活設計をするにあたっても、旅行計画と同じように楽しんでください。

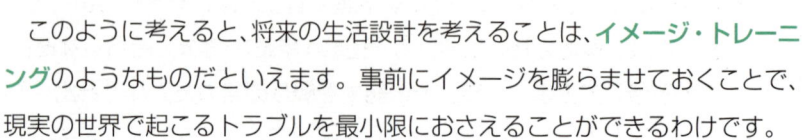

　このように考えると、将来の生活設計を考えることは、**イメージ・トレーニング**のようなものだといえます。事前にイメージを膨らませておくことで、現実の世界で起こるトラブルを最小限におさえることができるわけです。

人生に夢があるのではなく、夢が人生を作るのです。　　　　　（女子ソフトボール監督　宇津木妙子）

第 10 章 ●生活と人生のデザイン

私の未来予想図　　　　　　　　　　　　　　　　　　　　　Work・10-2

　Work10-1 を通して、20 年後の人々を幸せにする仕事や産業が、おぼろげながら見えてきたでしょうか。これをふまえて、20 年後に自分がどうなっているか、どうなっていたいのかについて、考えてみましょう。この内容は、自分自身が 20 年後にはこうなりたいという目標設定でもあります。

　さて、20 年後の自分を考える枠組みとして、以下の 8 つのカテゴリーを提示しておきます。これらは、別々に存在しているわけではなく、相互に関連している点に注意し、ワークシート 10-2 に書きこんでみましょう。

8つのカテゴリー

1. 住　む　　住居、住環境、近隣の環境など
2. 費やす　　収入、支出、資産、消費生活など
3. 働　く　　賃金、労働時間、労働環境など
4. 育てる　　（自分の子供のための）育児・教育支出、教育施設、進学など
5. 癒　す　　医療、保健、福祉サービスなど
6. 遊　ぶ　　余暇の過ごし方、余暇支出など
7. 学　ぶ　　（成人としての）学習、学習時間など
8. 交わる　　結婚、交際、交際費、社会活動など

ワークシート ◆ 10-2　自分の未来予想図

指定されている項目ごとに、20 年後の自分の生活状況を予想して記入してみましょう。

項　目	20 年後の状況（予想）	根拠・出典
住む		
費やす		
働く		
育てる		
癒す		
遊ぶ		
学ぶ		
交わる		

　ドアの向こうに夢があるなら、ドアが開くまで叩き続けるんだ。　　　　　（ミュージシャン　矢沢永吉）

未来予想図をシェアしよう　　Work•10-3

Work10-1 と Work10-2 の結果について、グループごとに互いに報告し、意見交換をしましょう。自分ひとりでは気づかなかったこと、自分で説明しているうちに新しく気づいたこともあるでしょう。他のメンバーのヒントやアイデアも積極的に取り入れましょう。

point
① 各グループで、リーダーと記録係を決めます。リーダーはグループの発表が全員適切に完了するように進行します。記録係は討議を記録して、その結果をまとめます。
② ひとりのメンバーが、自分の未来予想図（Work10-1 と Work10-2 の結果）を発表します。
③ 他のメンバー全員がコメントします。
④ 発表者に対して、他のメンバーが質問し、発表者がそれに答えます（質疑応答）。質疑応答にあたっては言葉の意味や定義を明確にします。「なぜそう考えるのか、なぜそうするのか」といった、報告の背景や考え方について、納得のいくまで質問します。
⑤ 発表者に対して、他のメンバーが「私ならこうする」というヒントやアイデアを提示し、自由に意見交換します。
⑥ ③〜⑤を通して、発表者は、他のメンバーに指摘された問題をどう解決するかを含めて、学んだことを確認し、発表します。
⑦ リーダーが、⑥に対して補足します。
⑧ ②〜⑦を順番に繰り返します。

学んだことをシェアしよう　　Work•10-4

Work10-3 を通して、グループごとに学んだことがあると思います。グループ内で確認し、共有できたことを、他のグループに報告しましょう。

point
① グループ内で発表する内容をまとめます。
② 発表するメンバーを決めます。
③ 順番に各グループが発表します。
④ 各グループの発表に対して、他のグループからコメントや質問をします。
⑤ 発表するグループのリーダーは、他のグループからの質問に答えます。
⑥ ②〜⑤を順番に繰り返します。

夢は逃げない、逃げるのはいつも自分だ。　　　　　　　（随筆家　高橋歩）

第 10 章 ● 生活と人生のデザイン

Study・10-3　逆算と見直し

　待ち合わせの時間によく遅れてくる人の特徴として、逆算思考ができないことがあげられます。**逆算思考**とは、待ち合わせ時間から逆算して、何時に家を出るべきか、と考えることです。約束の時間から、電車・バス・徒歩の時間や乗換時間、さらに少しの余裕を引き算すれば、家を出る時間がわかるはずです。しかし、この逆算思考ができない人が意外に多いのです。会社訪問や採用面接といった就職活動では逆算思考ができないと苦労しますし、社会人になれば必須とされる思考法です。

　次の Work10-5 で、逆算思考を使って行動計画を立ててみましょう。20 年後の自分を目標においた場合、そこから逆算して、10 年後、5 年後には、どういう状態で何をしているべきか、卒業時にはどのような職業につくことが内定しているのが理想か、さらに、その職業につくためには 3 年時には何をしているべきかを考えるわけです。目標から逆算して、今何をすべきかを考える逆算思考を、ぜひ身につけてください。

　計画ができれば、次にそれを実行する必要があります。計画は実行するためのものですから、単なる計画に終わらせてはいけません。ただし、Study10-2 でも触れましたが、海外旅行と同様に人生の計画も、さまざまな理由から、計画通りにいかないことが多々あります。そのときは計画をあらためて見直せばよいのです。その際、具体的に何がうまくいかなかったのか、また、うまくいかなかった理由はなぜなのかを自分なりに評価してみることが重要です。

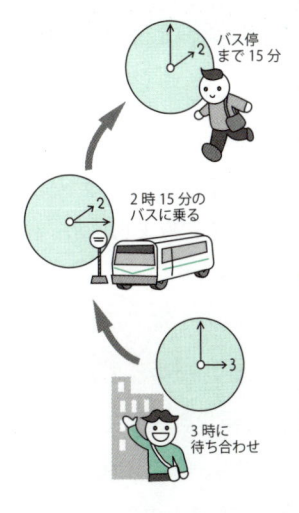

行動計画を立てる	Work・10-5

　Work10-1 と Work10-2 で、20 年後の社会と自分に対する未来予想図ができました。さらに、Work10-3 と Work10-4 では、グループやクラスの他のメンバーから、さまざまなヒントやアイデアが得られたと思います。そこで、これらを参考にして、10 年後から逆算して 3 年時までの自分の行動計画を立ててみましょう。

point
① ワークシート 10-1 とワークシート 10-2 に、修正すべき点、追加すべき点を、赤ペンなどで（最初の自分の予想と区別できるように）記入します。
② ①をもとに、ワークシート 10-3 に記入します。

希望はいいものだよ。たぶん最高のものだ。いいものは決して滅びない。
（映画「ショーシャンクの空に」より）

ワークシート ◆ 10-3　20年後から逆算した行動計画

項　目	10年後の目標	5年後の目標	卒業時の目標	3年時の目標
住む				
費やす				
働く				
育てる				
癒す				
遊ぶ				
学ぶ				
交わる				

Study・10-4　問題発見の仕方・研究課題の見つけ方

　次回から問題発見・問題解決型学習に入ります。どういうテーマ（問題）に取り組みたいか、次回までに考えてきてください。それに先立って、なぜ問題発見・問題解決型学習なのかについて確認しておきましょう。そのうえで、問題解決の出発点となる問題発見をどうするか考えてみましょう。

1．人間の学習はもともと問題発見・問題解決型

　乳幼児の学習は**問題発見・問題解決型学習**です。人類が誕生してからも長い間、人間の学びは、目前に問題を発見しそれをどう乗り越えて生き残るかという問題発見・問題解決型学習の連続でした。その後、解決経験がだんだんに言語化され、次の世代に伝えられていくようになりました。

　現代社会では、私たちが当面する問題は非常に複雑かつ高度化してきており、それらの問題を解決しながら生きていくためには、人類が積み重ねてきた問題発見・問題解決の内容（知識・理論）を基礎知識として学ぶ必要があります。その学びを行う場が学校です。つまり学校の役割は、これまでの人類が積み重ねてきた非常に大量の理論や知識を、若い世代に効率よく伝えることです。そのためには、現実の体験の中で問題を確認しながら解決を学んでいくよりも、一定の理論的体系にしたがって知識を習得していく方法がとられています。しかし、この方法は現実の体験と離れすぎてしまうと、何がなんだかよくわからない内容をひたすら詰め込まれる（暗記させられる）ことになってしまうので、ちっとも面白くないことになります。

　幸福の秘訣は、自分がやりたいことをするのではなく、自分がやるべきことを好きになることだ。
（作家　ジェームズ・バリー）

2．高度な問題発見・問題解決を行う場としての大学

　大学はそうした暗記学習をするための場ではありません。大学は基本的に教育機関というよりは、研究機関としての性質を強く持ってきました。今でも大学で行われていることの主流は、新しい問題を発見し、その問題解決に取り組み、成功する（新しい「知」の創造）とそれを社会に報告し、人類の幸福に貢献することです。

　つまり、大学で学ぶということは、基本的に**新しい知の創造**に参加するということです。もちろん、この知の創造には、高校までに学んだ内容だけではなく、よりいっそう深く広い知識や理論を知っていることが求められます。そのために大学ではさまざまな授業が用意されています。それも一方的に押し付けるのではなく、みなさんが自分で解決したいと考えるテーマに取り組むために必要な内容を選んで学習（授業を選択）すればよいので、基本的に自由に選べるようになっています。

　しかし、問題発見や問題解決をどう進めるのかがわからなければ、前に進めません。そこで、ここではその方法について、ごく入門的な点を学ぶことにしましょう。最初に行うのは、問題を発見することです。

> **新しい知の創造**
> たとえばノーベル賞は、最も人類に大きな影響を与えた「知」の創造者におくられます。

3．問題発見を進めるために——興味ある事がらベスト3をみつけよう

　ふだんの生活の中でも、解決しなければならない問題に出会うことは少なくありません。おいしいものを食べるにはどうすればよいか、楽しく時間を過ごすにはどうすればよいか、欲しいものを手に入れるにはどうすればよいか、つねに考えなくてはなりません。

　しかしいざ、問題発見・問題解決型学習を始めようとすると、「どんな問題に取り組めばよいのかわからない」とか、「自分が何に興味があるのかわからない」という方も多いと思います。そのため、ここでは3つのテーマを軸として考え、それぞれに興味ある事がらのベスト3を書き出し、その中からさらに総合ベスト3を選ぶ方法を採用します。

　次回までに、以下の**ワークシート10-4**についてそれぞれ要旨と簡単な内容説明をまとめてきてください。

> とんびが鷹を産んだわけではない。とんびが産んだのはとんび。でも、そのとんびが鷹になろうとしている。
> （プロゴルファー石川遼の父　石川勝美）

ワークシート ◆ 10-4　いま興味のあること

1．基礎ゼミで学んできたこと、もしくは関連事項のベスト3

	要　旨	内容説明
1		
2		
3		

＊第1章から第10章までの内容から選んでください。

2．所属学科もしくは将来の進路に関係することのベスト3

	要　旨	内容説明
1		
2		
3		

※ワークシート09-3（81頁）を参考にしてまとめてみましょう。

3．生活上の事がらに関係する事項のベスト3

	要　旨	内容説明
1		
2		
3		

※ワークシート04-2（39頁）を参考にしてまとめてみましょう。

☆総合ベスト3

	要　旨	選んだ理由
1		
2		
3		

HOMEWORK 10

Study10-4を読んでワークシート10-4を埋め、次回から自分が取り組むテーマ（問題）を考えてきてください。

新しいことを始めるのは怖くない。怖いのは、新しいことを始めなくなることだ。
（プロバスケットボール選手　マイケル・ジョーダン）

さらに学びたい人のために

人生と計画について考えるための本と映画をご紹介します。

★さらなる読書のために

『国際社会で活躍した日本人』

さまざまな人生を考える

植木武　弘文堂　2009年

自分の人生を考える時、あるモデルを思い浮かべる人が多いでしょう。自分や肉親の病気を治した医者に感動して自分も医者になろうと決心したり、テキパキと接客をこなすパソコンショップの店員に憧れて自分もそうなろうと思ったりする場合、その医者や店員がモデルになっていると言えます。家族を大切にする両親をみて自分もそうなろうと考える人もいるでしょう。このモデルは、できるだけたくさん知っている方が選択の幅を広げられますが、身近にすばらしいモデルがたくさんいるという境遇にある人はまれでしょう。過去においてどのような生き方をした人がいるかを知るには、文学作品よりもダイレクトに生き方に焦点をあてた「伝記」を読むことをおすすめします。本書は、さまざまな分野で世界を舞台に活躍した13人の伝記を集めた本です。1人分が短いので、興味をひかれた人物から読んでみてはいかがでしょう。先駆者の勇気に励まされます。

★人生と計画について考えるための映画

最高の人生の見つけ方

The Bucket List　2007年　ロブ・ライナー監督

大金持ちの実業家（ジャック・ニコルソン）と勤勉実直な自動車整備工（モーガン・フリーマン）。病院で偶然出会った2人は、人生の期限を言い渡されます。2人は、死ぬまでにやっておきたい事がらを「バケット・リスト」に書き出し、それをかなえるための最後の旅に出かけます。

ショーシャンクの空に

The Shawshank Redemption　1994年　フランク・ダラボン監督

妻とその愛人殺しの容疑で、終身刑の判決をうけた銀行員アンディ（ティム・ロビンズ）。無実の罪で投獄されたアンディは、決して希望を捨てず、逆境にも耐え続けます。一方、古株の囚人レッド（モーガン・フリーマン）は、「刑務所では希望は禁物だ」とアンディに忠告します。アンディとレッドの友情を中心に、ショーシャンク刑務所のさまざまな人間模様を描きます。原作はスティーブン・キングの「刑務所のリタ・ヘイワース」。

いつも何かを模索し、何かを求め、手をさしのべておかないと運は降りてこない。　（作家　伊集院静）

第11章 研究テーマを考える
——問題発見・問題解決型学習1

この章のねらい
- ●考え、研究するための問題発見を体験してみよう。
- ●発見した問題に関する資料を集めてみよう。
- ●グループでの作業の進め方に慣れよう。

Scene・11　自分にとっての問題ってなんだろう

　健太君と美咲さんは先週の宿題になっていた「問題発見シート」を前に休み時間を過ごしています。自分のテーマがなかなか決められないようです。

　美咲さんは自分が深入りしそうになったカルト集団の問題から、人の心理に興味を持ち始めました。あのとき健太君に相談していなかったら、今ごろどうなっていたかわかりません。自分自身の中に、自分でもコントロールできない部分があることを知って、以前より少し慎重になったように思います。

　健太君は10章で考えたライフデザインについて繰り返し考えています。今までは就職を含め、どうせ将来のことなんて考えてもどうしようもないのだからそのつど決めればいいやと思っていました。でも、そんなことを言っていたら、このまま一度もきちんと考えようとせずにプランのない人生を送ってしまう可能性だってあるかもしれません。たとえ実現しないプランでも、そのつど修正していくのと、まったくなにもないのとでは意味が違うように健太君は感じ始めています。

第 11 章 ● 研究テーマを考える

　これから 14 章までの 4 回にわたって、問題発見・問題解決型の学習を実践します。興味のある問題について調べ、まとめ、発表するまでを自分ひとりでやらなければいけません。いままでに学習したことも含め、今回は一通りのスキルを説明します。少し長くなりますが、しっかり身につけてください。自分のテーマは決まりましたか？　では、やってみましょう。

メインテーマとサブテーマを決めよう　　　Work・11-1

　では問題発見・問題解決型学習を始めましょう。最初に行うのは、取り上げる研究テーマを決めることです。

　問題発見・問題解決型学習では、グループでの取り組みが行われます。問題発見は自分ひとりでもできますが、問題解決を考えるには、複数の人の知恵を集めた方がうまくいく場合が多く、また実際に行う活動の内容が多いため、分担して行うこともしばしばあるからです。

　このゼミでは 4〜5 人のグループで取り組みます。テーマはグループで話し合って決めましょう。

point

グループでの活動
実社会ではこの種の問題解決活動のほとんどが、小集団で取り組まれる。企業の部署やプロジェクトチームもその例。

テーマが一致しない場合
近いテーマもしくは第 2、第 3 希望のテーマから一致するものを探し、グループを構成する。

① 担当教員の指示に従い、持ち寄った互いの研究テーマの共通度をもとにグループをつくります。メンバーは 4〜5 名がよいでしょう。グループが決まったら、自己紹介をしましょう。名前以外に、(1) 研究テーマについてどんな研究をやりたいか、(2) 研究テーマについて知っていること、などを簡単に紹介し合いましょう。

② グループ内での役割分担を決めます。グループ学習は、みんなの力と創意工夫、そして行動力によって成果が明確になります。研究活動がスムーズに進むためにも、グループをまとめ舵取りをしていく役割の人がいたほうがうまくいく場合が多いでしょう。まず、グループの取りまとめや司会係にふさわしい人をリーダーに選びましょう。その上で、討議資料の準備係や、毎回の学習記録を作成する記録係や、グループ外の人々の協力をいただく場合に交渉をする交渉係などの役割を分担しましょう。

③ リーダーが決まったら、リーダーの司会進行のもと、グループ名を決めましょう。グループへの所属意識は、お互いの結びつきや協力体制を強くします。グループ全員で、テーマも考えながらわかりやすいグループ名をつけましょう。これから最終回まで使うので、みんなが気に入る、参加していることが楽しい、心地よいと感じられるようなネーミングにするほうがよいでしょう。

> 役割分担の基本的な内容を確認しておきましょう。
>
> **❶リーダー：司会進行とスケジュール管理**
> 学習日程の調整・進行管理、教員やメンバーとの連絡、作業分担の調整などを行います。念のため、サブ・リーダーも決めておくとよいでしょう。
>
> **❷準備係：配付資料と用具の準備**
> グループ全員に必要となるレジュメなどの資料をコピーするなどして用意し、配布します。また、教員の指示により、用紙類やフェルトペンなどの消耗品も用意します。これらの後片付けも担当します。
>
> **❸記録係：学習内容の記録、データ化、資料の集約と保管**
> メンバーの発言やグループとしての意見、作業の進行内容などを記録してまとめ、必要に応じてデータ化するなどして保管しておきます。発表時の資料となるように、またいつでも参照できるように整理しておきます。
>
> **❹交渉係：グループ外部との交渉全般**
> 取材にあたっての事前・事後の連絡や調整、サブゼミ（101頁参照）の会場確保、他のグループとの連絡などを担当します。

④ このグループでの活動は、お互いに助け合いながら進めていかなければなりませんので、とくに次の点に心がけましょう。(1) お互いに信頼しあうこと、(2) お互いの仕事についての能力差や理解度の差に対しての寛容さ、(3) お互いに励まし、支え合いながら、お互いの努力や報告内容をほめ合い、活動を推進する社会性をもつこと、(4) 困難さをポジティブに解決し研究していこうとする意思と問題解決力と遂行力。

もちろん、最初から全部というのは難しいかもしれませんが、この学習活動を通じて、メンバーそれぞれがこうした力を身につけていくように成長してい

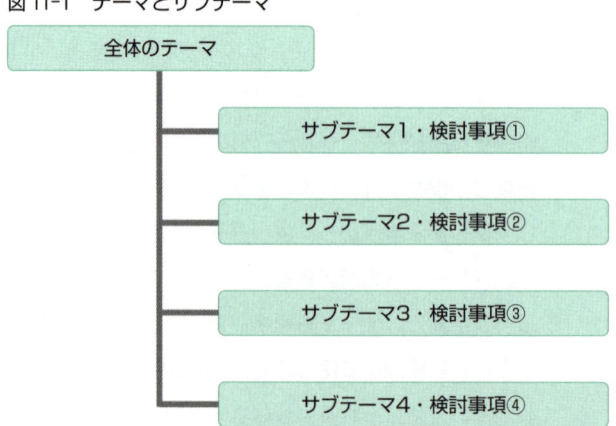

図11-1　テーマとサブテーマ

```
全体のテーマ
  ├── サブテーマ1・検討事項①
  ├── サブテーマ2・検討事項②
  ├── サブテーマ3・検討事項③
  └── サブテーマ4・検討事項④
```

> コートの上で的確な状況判断をする秘訣は、すごく単純なのですが、普段の生活で正しい判断をすることです。
> （プロテニスプレーヤー　杉山愛）

くことも、問題発見・問題解決型グループ学習の目的のひとつです。
⑤ グループごとに研究テーマとサブテーマを決めます。どのような決め方をしてもよいのですが、お互いに希望するテーマを出し合って、よく話し合い、自分なりに納得のいくテーマに決めましょう。いろいろ話し合っていくと、1つのテーマが、いくつかのサブテーマに分けられることに気が付きます。また、サブテーマとしては整理しにくくても、検討事項が複数出てくる場合もあるでしょう。それらを分担するつもりで整理していくとまとめやすいでしょう。

Study・11-1　問題発見・問題解決型学習とは何か？

1．興味あることを研究する楽しさ

　自分の可能性を発揮するために一番大切なことは何でしょうか。それは、興味のある、自分にとって楽しいことに取り組むことです。人は興味あることには労をいとわずエネルギーを傾け、研究や創造の道を歩みます。また、研究や創造を続けるとさらに深いレベルで新しい興味が生まれ、楽しみが倍増し、さらに努力をするようになり、結果的に、その人の持つ可能性が大きく広がることになります。第11章から第15章までの問題発見・問題解決型の学習展開でも、ぜひ自分の興味を大切にしてください。

2．目に見える能力から、目に見えない能力までの成長の楽しさ

　学びによって習得できる能力は、読み書き計算などの能力（リテラシー）と、ノートのとり方やコンピュータソフトの使い方などの学習技術（スタディスキル、アカデミックスキル）、対人関係を豊かにする、自己の意見を発表するなどの社会的技術（ソーシャルスキル）などがあります。これらの能力・技術は機能的であるため、**目に見える能力**ということができます。

　これに対して、自分の想像力や創造力を高める**内的世界を豊かにする能力**は応用力あるいは統合力なのですぐには実感できない**目に見えない能力**です。けれど、「目に見える能力」は、じつは「内的世界を豊かにする能力」のために活用する基礎能力にすぎません。つまり、「内的世界を豊かにする能力」こそ、専門的な業務や創造的活動を行うことになる大学卒業生に求められる必要不可欠な能力なのです。

　ここでの問題発見・問題解決型学習では、その能力の入り口が見えるように学習していきましょう。

リテラシー
（英）literacy
スタディスキル
（英）study skill
アカデミックスキル
（英）academic skill
ソーシャルスキル
（英）social skill

内的世界
1人ひとりが自分の中に持っているさまざまな力量（生活力・学習力・応用される知識量・文化的芸術的スポーツ的センスなどなど）を意味している。

人の目を見ないで生きているのは、地図なしで山に登るようなものだ。　　　（社会学者　加藤諦三）

文殊
仏教誕生時に関わった智慧の菩薩（神様）の名前。非常に高い智慧を表すときに使われることが多い。

クリティカル・シンキング
（英）critical thinking
一般に「批判的思考」と訳される。人間は誰しも（自己の安全や自己防衛のため）他人に対しては批判がましい存在である場合が多いが、ここでいう批判的思考（クリティカル・シンキング）とは、前向きに創造的に考える思考をいい、後ろ向きに否定的に思考するという意味ではない。

3．自己を認め、他者を認める楽しさ

　日本では、昔から「三人寄れば文殊の知恵」と言われてきました。これは1人より3人で考えれば良い知恵が浮かぶという意味です。もちろん3人が好き勝手に意見を出していたのでは文殊の知恵にはなりません。3人がお互いに他の人が言うことを丁寧に補強して、いっそう磨かれた素晴らしい知恵に高めていくために、いろいろな提案をしていくことが必要です。

　このようにグループで、お互いが知恵を出し合い、それを認め励まし合い、より高めていくために、欠点を除去しよりよいものにしていく力を**クリティカル・シンキング**と言います。

　たとえば、A君が調べてきた結果について、研究の目的に沿っていて適切な結果であるかどうかを考えます。つまり、クリティカル・シンキングでは、グループで行う研究の目的をよりよく達成するために意見や調査が妥当・適切であるか前向きに検討します。もちろん、他の人のことだけではなく自分の意見や調査が妥当・適切であるか検討することも含んでいます。このクリティカル・シンキングを行えるようになり、それが他の人から認められることは、自分を認め直すことにもなり、大きな自信となります。

---

column　グループワークの心得

　グループ学習を楽しく、有効に行うためには、以下のような集団が望ましいそうです。あなたのグループはいくつ当てはまっているか、チェックしてみてください。

❶同じような人たち、仲間との間に同一視（identification）の機会が与えられていること。
❷多数の人間との間にあたたかい帰属感を経験する機会が与えられていること。
❸自分自身を維持し、自己を表現し、他人の中で自己の特異性をもち続ける自由があること。
❹自分の好む友達を選ぶ自由があること。この自由は、親密な友人関係ができていない場合でも、相手が受け入れられることを必要としているときには、その人を受け入れることと結びついている。
❺自分の個性を試すと同時に、他の人たちの独自性をも享受する機会が与えられていること。
❻独立する練習の機会が与えられていること。また、子どもや困難な事情に陥った大人などが他に依存する必要があり、その必要が明らかになった場合には、依存することが許されること。

（出典：コノプカ／前田ケイ訳『ソーシャル・グループワーク』全国社会福祉協議会、1967年）

　薔薇はなぜという理由もなく咲いている。薔薇はただ咲くべく咲いている。薔薇は自分自身を気にしない。人が見ているかどうかも問題にしない。
（詩人　アンゲルス・シレジウス）

また他の人を認めることは、他者の存在への敬意や共感を呼び起こすとともに、自分の足りないところを知り、より努力をしようというきっかけにもなります。他者から認められ、また他者や自分自身を肯定的に認めることは、社会を生きていく時に必要な自信や他者に対する寛容さなどの基盤となるものです。

4．社会的能力を身につける楽しさ

問題発見・問題解決型グループ学習の特徴は、グループのメンバーと何度も打ち合わせを行い、研究して結果を練り上げ、レジュメとパワーポイントで報告し、さらに他者からのコメントを受けて改善し、最終的にレポートにまとめ提出するという過程にあります。これらは、じつは社会で生きていくために必要な自己主張、企画力、対人関係能力、プレゼンテーションなどの**社会的スキル**でもあるのです。

5．知識を活用する楽しさ

一般に、ある言葉がその示す内容と結びついたものを**知識**といいます。ですから、言葉だけ知っていても、内容を知らないならば知識とはいえません。人間はまず実物を体験し、それを一つひとつ名前と結びつけていくことで言葉を覚えていきます。そして、そのような言葉をベースに抽象概念の名前を覚えていきます。

つまり、言葉や概念は、まず現実の体験と結びつきます。そして、こうした言葉を豊富に持つようになると、体験がなくても類推できる能力が育ちます。しかし、この具体的な基礎がないままだと、いくら知識として言葉を学んでも、他と区別して特定の言葉に結びつけることができなければ、その言葉を使いこなすことはできません。たとえば、英単語を覚えるときにスペルだけわかっていて意味を知らない場合は、暗記してもすぐに忘れてしまいますし、たとえ覚えても、その単語を使うことはできません。

問題発見・問題解決型学習は、一つひとつの言葉の意味を体験しながら学んでいくので、一度理解して覚えたことは日常生活でも使えますし、忘れることも少ないのです。

図11-2　身につく知識のイメージモデル

> 私の成功の秘訣はこれです。私は一度も言い訳をしたことがないし、人の言い訳を受け入れたこともありません。
> 　　　　　　　　　　　　　　　　　　　　（看護師　フローレンス・ナイチンゲール）

Study・11-2　グループ学習の進め方

　問題発見・問題解決型グループ学習は、**自分たちの興味ある事がらを自分たちの力で調査し、話し合い、新しい発見を見出していく授業**です。

　学びの姿勢には、受身型と能動型のふたつのスタイルがあります。**受身型**とは、先生の教えを受け止め、理解し、記憶していくスタイルです。受身型の知識は体験を通していないため、実生活で使える知識としては身につきにくいという特徴があります。一方、**能動型**は、自分で知りたいことを調べ、知識を深めていくスタイルです。このスタイルの学びは、自分から学び創造していく力が身につき、その歓びを実感できるという特徴を持っています。

　この能動型の長所に、グループで支え合うことの利点を合体させたのが問題発見・問題解決型グループ学習です。

　以下に、問題発見・問題解決型グループ学習の進め方を整理してみます。全体の見通しを立てて進めていきましょう。

（1）研究テーマを決める　Work 11-1
（2）グループづくり　Work 11-1
（3）問題解決方針の協議―仮説の検討　Work 11-2
（4）関連情報や資料の収集　Work 11-3
（5）集まった資料内容の確認　第 12 章

　第 11 章の終了時に決めた分担に従って、問題解決に必要そうな事実や情報を持ち寄り、その内容について検討します。そのまま使える情報もあるし、補強が必要な情報もあります。最初は使えない情報だと思ったものでも、そこから新しい問題がみつかる場合もあります。丁寧に点検しましょう。

　なお、インタビューやアンケートなど他者の協力を得る場合は、研究の社会的な意義や目的を説明する必要があります。研究材料や資料の提示にはさまざまな決まり事があり、配慮が必要です。

（6）問題解決の枠組み整理　第 12 章

　点検が済んだ情報をベースに、あらかじめ組み立てておいた問題解決の方針や仮説が適切であるかどうかを再検討します。集めた資料から証明できない点は省くか、新たに補強資料を探します。集めた資料が問題解決のための仮説とうまく組み合わない場合は、資料をベースに再検討し、問題解

問題発見
Work 04-2、04-3 で行ったブレーンストーミングもこれにあたります。

チャンスは準備が整っている者を優先する。　　　　（細菌学者　ルイ・パスツール）

第 11 章 ● 研究テーマを考える

決の方針や結論を練り直します。

（7）レジュメ、スライド資料をまとめる 第 13 章

　第 13 章では、第 12 章に考えた問題解決枠組みや、その問題解決報告のストーリーを作成し、その要点をレジュメにまとめます。

　まとめるときのコツとして、問題発見から問題解決に至る経過を図解するとよいでしょう。論理的になり、説明もしやすくなります。

　レジュメを作成したら、PowerPoint でスライドを作成します。報告すべき内容が整理されていないと、スライドがうまく並べられないので、レジュメ作成は慎重に検討しましょう。

レジュメ
（仏）résumé
要約、概要。研究発表や講義などの内容をまとめた紙。レジメともいう。

（8）発表会（プレゼンテーション）を行う 第 14 章

　作成したレジュメやスライドを使ってプレゼンテーションをします。グループ全員での発表となるよう、あらかじめ役割分担をしておきます。受けた質問やコメントはレポート作成時に反映できるように記録をとっておきます。

　また、自分たちの発表にだけ意識が集中してはいけません。他のグループの発表をしっかり聞いて、積極的にコメントすることが大切です。

（9）研究レポートをまとめる 第 14 章～第 15 章

　レジュメをベースに、詳しいレポートを作成し、提出します。研究レポートでは、どこまでが参考にした情報で、どこからが自分たちの研究結果かをはっきり分けて書く必要があります。

（10）研究成果を共有化する 第 15 章

　演習全体の振り返りを行います。グループ学習を通して学べたことや、残された課題を確認します。

　授業時間内に終わらないときはサブゼミといって、授業時間外にグループ学習をすることがあります。その際は早めにメンバー全員の空き時間を調整し、作業量が不平等にならないように気をつけましょう。

期待をゼロまで下げたら、自分が持っているものすべてに感謝の念がわいてくる。
（理論物理学者　スティーブン・ホーキング）

問題解決の方針を整理しよう　　　　　　　　　　　　Work・11-2

　大学で行われるさまざまな研究も、じつはそのほとんどが問題発見・問題解決型学習の応用型です。一般に研究とは、①問題設定（テーマと内容説明）・研究目的（なんのために、誰のために、その研究を行うのか）を明確にし、②テーマに対応した解決枠組み（研究方法・研究分担）の提示をした後、③研究内容を報告し、発表します。テーマ設定の段階で、結果を予測した「仮説」を提示する場合もあります。
　最も基本的な過程を下に図示しておきます。構造整理の仕方は、学問領域によっても異なり、他の方法もあります。

図 11-3　レポートの内容構成モデル

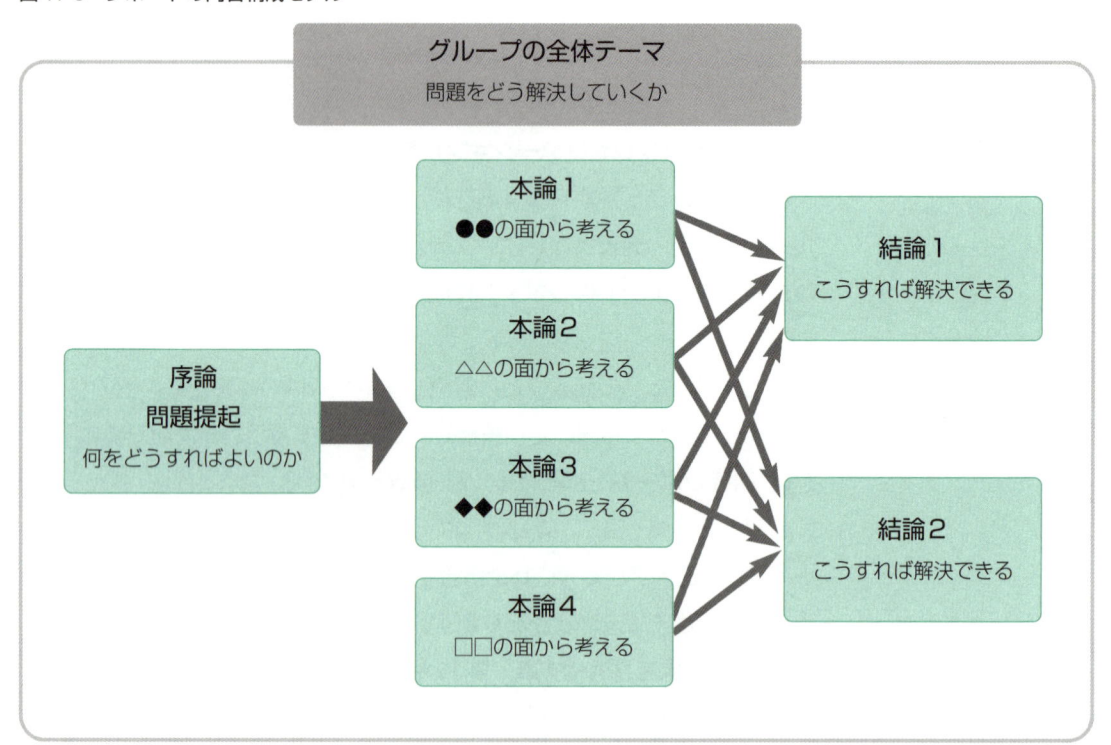

```
                    グループの全体テーマ
                    問題をどう解決していくか

                    ┌──────────┐
                    │  本論 1    │
                    │ ●●の面から考える │────┐
                    └──────────┘    │
                                        │
                    ┌──────────┐    │    ┌──────────┐
                    │  本論 2    │    ├──→│  結論 1    │
┌──────────┐   │ △△の面から考える │────┤    │ こうすれば解決できる │
│  序論      │   └──────────┘    │    └──────────┘
│  問題提起  │──→                     │
│ 何をどうすればよいのか │ ┌──────────┐    │    ┌──────────┐
└──────────┘   │  本論 3    │    ├──→│  結論 2    │
                    │ ◆◆の面から考える │────┤    │ こうすれば解決できる │
                    └──────────┘    │    └──────────┘
                                        │
                    ┌──────────┐    │
                    │  本論 4    │    │
                    │ □□の面から考える │────┘
                    └──────────┘
```

Study・11-3　資料の収集とデータのまとめ方

1．資料収集の方法

　問題発見・問題解決型グループ学習で、取り上げるテーマと取り組みの枠組みや仮説がまとまったら、次に行うことは、関連情報や資料の収集です。

> あなたが誰かを嫌悪するのは、その人の中に自分の一部を見るからである。共通点のない人があなたの気分を損ねることはない。
> 　　　　　　　　　　　　　　　　　　　　　　　　　　　　　　　　（作家　ヘルマン・ヘッセ）

第11章 ● 研究テーマを考える

まず、どのような情報を集め、どんな方法によってそれを論証するのかを決めます。その枠組みを一覧表にして示しておきましょう。

表11-1 情報収集の方法分類(注1)

方法の分類	主な内容	特徴など
①自己体験の整理	自分自身の体験を事実と感情を分けて、具体的・客観的に記述したもの。最も基本的な情報の1つ。	比較的作りやすいが、他者の点検を経ないと感情が入りすぎて事実情報になりにくい場合がある。
②他者からの伝聞情報	他者が体験したことや、それに基づく意見などを情報としたもの。情報の出所が明確であれば最も基本的な情報の1つ。	しばしば行われる調査方法であるが、聞き取りながら文字にしていく段階で聞き手の誤解が混じる場合もあるので、書き取った後に確認を求める必要がある。
③フィールド調査	現場に実際に行ってみて体験や取材をしてくる。（第7章参照）	費用や時間が必要であるが、問題把握や解決を考える上で、重要な方法である。
④統計資料	行政や研究機関が集めて数量的に整理した情報。	行政機関が全数調査（注2）で作成しているものは貴重な資料になる内容が多い。
⑤調査データ	研究機関などがそれぞれの問題意識に基づいてアンケート調査などを行い集めた資料。	アンケート調査は、測定誤差（注3）もあり、統計ほど信頼度は高くないが、しかるべき研究機関が行った調査データは参考になる。
⑥新聞記事など観察データ	新聞記者が集めた資料。新聞記者の活動範囲によって情報の量に偏りがある場合もある。	新聞だけでなく、雑誌情報も同じ扱いであるが、信頼度が低い雑誌も多いので、活用する場合は留意が必要である。
⑦学術論文・文献など	研究上、最も基本的な資料。過去にどこまで研究されているのか調べるのに便利。文献の場合はどこを参考にするか特定する必要がある。	非常に細かい領域を取り上げている場合が多いので、一定数に目を通して比較してみることが望ましい。
⑧インターネットによる情報収集	調べたい事がらのキーワード（精査すること）を入力して検索する。	短時間に文章だけでなく画像、動画、音楽など大量で広範囲の情報を集められるが、信頼度は注意が必要。
⑨アンケート調査 ⑩事例調査 ⑪面接調査	いずれも専門的研究で行われる方法。難しく考えないで、試みてみるのも良い。	それぞれにさまざまなガイドブックがあるので参考にすると良いが、この授業では取り上げない。

＊④〜⑧はいずれも、ネット上で調べることができる。
注1：この表は問題発見・問題解決型グループ学習用に作成されているので、一般的な研究方法とは多少異なる部分がある。
注2：全数調査とは調査範囲内の全部を対象とし回収まで行っている調査をいう。官公庁が行う資料収集に基づくものが多い。
注3：費用などの都合で全数調査ができない場合は、対象からの抜き取り（サンプリング）調査になるため、集計データの信頼性には限界がある。

ちっぽけなプライドこそ、その選手の成長を妨げる。　　　　（プロ野球監督　野村克也）

2．調べた資料のまとめ方

　調べた資料はグループのメンバーが共有して使うことが前提です。そこで、統一された規格の資料としてまとめておくと使いやすいでしょう。ここでは A4 用紙 1 枚を規格とし、以下、**データシート**と呼びます。このデータシートは A4 サイズという以外にとくに決まりはありません。ただし、**作成者名**、**作成年月日**、**整理番号**を必ず記入しておくようにしましょう。さまざまな種類のデータに対応できるように、138 頁に掲載したようなシンプルな形式をおすすめします。慣れてきたら自分で使いやすいように工夫してみてください。

　集めた資料（情報）は、基本的にこのデータシートに記入するか、貼り付けて保存します。コピーしやすいように、片面で必要な情報が収まるようにしましょう。集めた情報は以下の点を整理しておきます。

表 11-2　情報の出所

方法の分類	情報の出所など、記入しておくべき事項
①自己体験の整理	記入者名・記入年月日・記入場所
②他者からの伝聞情報 ③フィールド調査	情報提供者名・記入者（取材者）名・記入年月日（時間）・取材場所・情報収集時に使った用具 ＊守秘義務がある場合があるので、情報提供者名や取材場所などの扱いには注意すること
④統計資料	統計作成者名（機関名）・統計名・取材日・取材者名
⑤調査データ	調査者名（機関名）・調査名・取材日・取材者名
⑥新聞記事など観察データ	新聞名（日付・朝夕刊の別）・頁・取材者名
⑦学術論文	著者名・タイトル・掲載誌名・通巻番号・発行年月・発行元連絡先・取材者名
⑦文献	著者名・タイトル・引用部分の項目名・使用頁・出版社名・発行年月・取材者名
⑧インターネットによる情報収集	著（作）者名・タイトル・ページ数・URL ダウンロード年月日時・取材者名
⑨アンケート調査 ⑩事例調査 ⑪面接調査	＊専門的方法となるので、ここでは詳しく取り上げないが、興味があれば左の参考文献を参照のこと。

データシート
新聞記事などの切抜きを貼ったり、文献の一部をコピーしておく場合など、A4 だとたいてい入るので使いやすい。B6 サイズなどの市販カードを使う場合はデータカードと呼ぶ。

データシートの例
138 頁参照。

参考になる本
篠原清夫ほか編『社会調査の基礎―社会調査士 A・B・C・D 科目対応』弘文堂、2010 年。
福祉臨床シリーズ編集委員会編『社会調査の基礎』社会福祉士シリーズ、弘文堂、2008 年。

限界なんて言葉はこの世の中にはない。限界と言うから限界ができるんだ。　　（プロレスラー　アントニオ猪木）

3．基礎データの分量

一般の研究では、①の自己体験はデータとしてはあまり使いませんが、②以下の情報収集は多ければ多いほど良いとされます。1つの研究について、数十件以上の基礎情報を点検した上で、研究枠組みを組み立てるのが普通です。しかし、この問題発見・問題解決型グループ学習では、練習の意味もあり、時間的な制約も大きいので、各グループの基礎データが20件程度になるように収集することにしましょう。4人のグループの場合は、1人5枚のデータシートを作成してくることになります。

次回までにデータシートを作成し、必要な人数分をコピーしてくることにしましょう。記入時には、色の濃い筆記具を使う、他人から読みやすく書くなど、コピーをとることを前提に作成します。

資料収集の役割分担　　　Work・11-3

1人5枚のデータシートを作成する際は、グループのメンバーの分担を決めておくとよいでしょう。それぞれの研究テーマによって集める情報の内容も方法も異なります。自分たちで考えたテーマに即して、どういう情報を集めるかを考え、分担を決めましょう。できるだけ本人の希望を尊重しながら、負担に偏りがないように検討します。各自が責任を持って担当を遂行するか否かが共同研究の成否を決定することになることを、メンバー1人ひとりが自覚していることが重要です。

以下の表に記入しながら決めると便利でしょう。

ワークシート ◆ 11-1　情報収集分担表

担当者名	調べたい点（分担テーマ）	調べる方法	備考

HOME WORK 11　自分の分担テーマの関連資料を収集し、データシートにまとめておきましょう。

多くの人々が「自分はひとりぼっちだ」と感じている。彼らは自分の内にいる人と対話しようとしない。
（ミュージシャン　スティーヴィー・ワンダー）

> さらに**学びたい人**のために

> データベースの活用方法、情報資料を要約する方法、こうした情報を活用してレポートなどを作成する場合の注意事項をまとめておきます。

情報の検索とまとめ方

1．文献検索の方法：データベースの利用

　文献を収集するのに最も簡単で有効な方法は、インターネット上のデータベースを利用することです。簡単な操作で必要な文献情報を集めることができます。

　データベースには、レファレンス・データベースとファクト・データベースの2種類があります。

　レファレンス・データベースとは、文献・記事の書誌事項（表題・著者・出版社・出版年・目次などの目録的な情報）や抄録（内容の簡略な紹介）についての情報一覧です。**ファクト・データベース**とは、文献・記事の全文、統計数値データなどの文献・記事の内容そのものについての情報です。

　文献を収集するのに利用するのはレファレンス・データベースです。

●大学図書館からアクセスできる代表的なデータベース

総合的な検索
・GeNii（ジーニイ：学術コンテンツ・ポータル）

図書・雑誌を探す
・Webcat, Webcat Plus

雑誌記事（論文）を探す
・CiNii（サイニィ：Nii 論文情報ナビゲータ）
・Google Scholar（引用文などからの単語検索も可能）

※このほかに国際的な専門雑誌記事検索のデータベースがある。詳細は各大学の図書館に問い合わせれば教えてもらえる。
※文献を検索したら、書誌情報（タイトル、著者名、雑誌名、巻・号数、発行年月、ページ数、図書館の整理番号）をメモしておき、オリジナル文献（現物）を図書館などで見つける。

新聞記事を探す（有料サイト）
・聞蔵（朝日新聞データベース）
・ヨミダス歴史館（読売新聞データベース）
・日経テレコン 21（日本経済新聞データベース）

2．収集情報の要約方法

　単に原文を短くまとめるだけでは、あまり良い要約とは言えません。原文の意味を正確に理解しながら、読者である自分の観点から内容に分析が加えられ、自分の言葉に置き換えられているほうが、レポート・論文を書く前段階としては望ましいのです。

野球を辞めるときには「お前はよくやった。全部の力を出し切った」と自分に言ってやりたい。だが、その日までは、俺は決して自分に満足することはない。　　（プロ野球選手　マイク・ピアッツァ）

要約の手順

① 全文を読むときに、パラグラフ（段落）を基本単位として考えます。パラグラフごとに、そこでの中心的な主張に下線を引いたり、付箋をつけたりしておきます。また、主張の理由や証拠となる部分にも印をつけます。
② 著者の主張で同意できる部分には○印、理解できない部分には？印、同意できなかったり反発を覚えたりする部分には×印をつけたり、色の違う付箋などを貼って目印をつけておきます。
③ 読み終わったら、著者の立論を「主張＋理由（＋証拠）」の形で短く書き出していき、重要な主張の部分を論旨に沿って組み立てます。
④ 全体の論旨からそれている、重要でないパラグラフは割愛します。
⑤ 最後に要約を読み直し、わかりやすい文章に組み立て直します。

3．出典の明示

現代社会では、独創性のあるものを発明したり創作した人には、特許権という権利が保障されます。また、文章や絵画などの作者には著作権が与えられます。いずれも、創造的行為を奨励し、人類の進歩に貢献したことに対する感謝や敬意の意味をもっています。

書籍やネット上の情報にも、当然著作権があります。ネット上では、すばらしい文章やイラスト、写真などが無料で見られますが、それを勝手にコピー＆ペーストして使用すると著作権法に違反する可能性があります。

レポートや論文を書く場合に大切なのは、集めてきた情報と自分の意見の境界を明確にしておくことです。文章を引用する場合は「　」でくくり、必ず出典を明示します。要約の場合も出典情報が必要です。引用や要約のようなダイレクトな紹介ではなく全体の参考にした場合は、末尾に参考文献として明示しておくと、論考のよりどころがはっきりします。そのためにも、あとで役立ちそうな情報は、内容だけでなく、出典も一緒にノートに記入しておくことが重要です。

出典データの基本
活字データ：①執筆者名、②「　」の中に論文名や記事のタイトル、③『　』の中に書名、雑誌名、新聞名、④刊行年（記事の場合は日付まで）、⑤該当する頁。
Webデータ：①資料のタイトル、② URL、③ダウンロードした年月日と時間（情報の改変スピードが速いため）。公的機関などの発表している信頼できるデータを使用することをおすすめします。

4．信頼性の確認

Google や Yahoo! などの一般検索サイトでは Wikipedia やブログの記事が上位にヒットします。しかし、これらの内容は任意に変更できるものなので、学術上の信頼性に欠ける場合もあります。学術的なデータベースで確認をとってから引用しましょう（130頁「引用の原則」参照）。

そんなに人間変わらないと思って闘うしかない。　　　　　　　（プロボクサー　ファイティング原田）

第12章 研究を進める
――問題発見・問題解決型学習2

この章のねらい
- ●関連して集めた情報を整理しよう。
- ●筋道（論理）を大切にして考えてみよう。
- ●問題解決過程をわかりやすい図解にしてみよう。
- ●発表用のレジュメを作成しよう。

Scene・12　図書館は資料と情報の宝庫

　健太君のグループでは、みんな就職の問題が気になっていました。あるメンバーのバイト先では社員がつぎつぎに辞めてしまったという話で、自分たちがそうならないように対策を考えたいと全員の意見が一致しました。そこで、健太君のグループのテーマは、「働きやすい職場にはどんな特徴があるか」に決まりました。

　先生のアドバイスに従って、いくつかの側面から考えてみることになり、健太君は法律の側面から調べる担当になりました。労働者の勤務時間や病気になったときの保障について文献を調べるために、健太君は初めて大学の図書館を利用しました。司書の資格をもった職員に検索の仕方を教わったところ、たくさんの資料が集まりました。内容を絞り込んでデータシートにまとめるのはたいへんでしたが、苦労したぶん理解できたことに気づきました。

　一方、心理の問題に注目した美咲さんたちの班は、女子学生が多かったこともあり、デートDVの問題を取り上げることになりました。美咲さんも法律を調べるために図書館に来たのですが、勉強する健太君の姿を見てびっくりしています。

第 12 章●研究を進める

> 宿題のデータシートはうまく作れたでしょうか。この機会にぜひ図書館を利用してください。図書館では本を貸すだけではなく、レファレンスといって、調査の内容に応じて必要な資料を紹介してくれるサービスも提供してくれます。今後のゼミや卒論でも必ず役立ちますので、遠慮せずに相談してみてください。

Study・12-1　問題解決の方法

1．感じる・思う・考える

考えることは、**感じる**ことや**思う**こととは違います。感じたり思ったりは、さまざまな現象に対して自分が受け止めたり、反応したりすることで、どちらかといえば受け身の現象です。しかし、**考える**は何らかのテーマがあって、それに対して意見をまとめたり、答えを出したりする能動的な行為と言えます。

これから行おうとする問題解決はその意味でまさに**考える**行為です。多くの場合、考えるのは何か自分の意見を述べるためや、行動する（主張する）ために行われます。単に自分で感じたり思ったりしているだけなら他者に与える影響はほとんどありませんが、意見を述べたり行動したり主張したりすることは直接・間接に他者に影響を与えることになり、相応の責任を伴います。そのような点から、この考える行為には適切な答え（解）をだすためにはどうすればよいかという研究がなされており、こうすればよいという法則が発見されています（114 頁参照）。

2．考えをまとめるときの2つの要素—主張・根拠（理由と証拠）

主張には**根拠が必要**です。何らかの根拠から特定の主張を組み立てることを**論証**といい、そのすじみちを**論理**といいます。自分の意見を述べ、主張していくためには、その意見や主張の根拠と、それをベースに答えを組み立てていくプロセスとしての論理が問われます。

そこでまず**根拠**について考えてみることにしましょう。主張を裏付ける根拠には次の3つがあります。

①**実証的根拠**：統計や、調査報告、実験結果、観察結果、などの科学的方法

調査報告の手法
実証的根拠となる調査には、アンケート法、インタビュー法、心理テスト、観察法、計量分析モデルによる方法、などの手法がある。

によって収集された資料。体験報告なども一定の条件を備えていれば根拠資料となりえる。

②**引証**：専門家の著作や論文からの引用や証言。信頼できる組織・機関が報告した意見。

③**常識**：いわゆる社会常識や社会的通念、多くの人が同意していると思われる主張。

本格的に考えていく場合は、①や②が望ましく、③はやや証拠能力が弱いとされます。②では個人的な経験や体験なども事例として一定の方式で作成され、複数の人間によって確認された資料であれば、根拠になりえます。しかし、一般的に考えるときは、そこまでは厳密に考えないので、③が根拠となることも多いでしょう。

個人的な経験や体験
学術的研究では、偏った答えになる可能性が高いため、「自分の体験」を研究材料とすることはないが、このテーマ学習では、問題が自分の体験から出てくることも多いので、自分自身の体験も１つの事例として整理し、活用してもかまわない。

３．原因と結果の関係（因果関係）

根拠として考えられている事実は、多くの場合何らかの相互関係を持っています。そしてその相互関係はよく見ると、それぞれが因果関係になっている場合がたくさんあります。もちろん、「AだからBだ」というだけでなく、「AとBとCがあるとDになる」とか、「AだからBもCもなりうる」など、さまざまな組み合わせがありえます。

因果関係
これは42頁のWork04-3で組りくんだ「関係の見える化」と同じ作業となる。

因果関係の関連図の例（43頁参照）

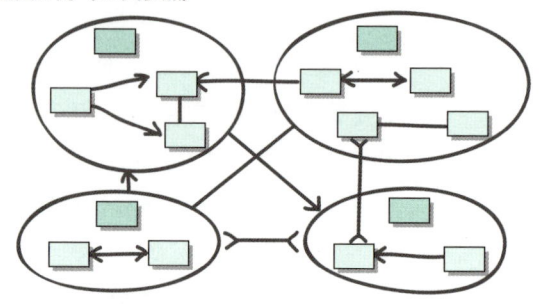

このさまざまな要因の因果関係は、どんどんつながって大きな循環の輪になってしまったり、全部がくっついて１つの塊(かたまり)になってしまうかもしれません。しかし、多くの場合は、どこかから始まってどこかで終わる、途切れたひとつながりのまとまりとなるでしょう。

問題発見で決めたテーマの場合、このつながりをその問題解決のヒントに結び付けて考えることも可能でしょう。つまり、調べてわかったさまざまな要因をこの因果関係でつないでいくと、問題の原因や答えが見えやす

青春は何もかも実験である。　　　　　　　　　　（作家　ロバート・ルイス・スティーブンソン）

くなるはずです。

4．「知」を創造する

このように事実をベースとして創出した、他者に伝承しうる概念や理論や法則を「知」と呼びます。「知」にもさまざまな種類があり、たとえば高校までに学んで蓄積した知識は主に**理論知**と呼ばれます。この「知」の特徴は、学問的に整理・体系化されていることです。

問題発見・問題解決型学習に関係の深い知は研究知と実践知です。**研究知**とは、新しい発見をするために必要な考え方や知識のことで、当然視されている社会的経験や文化を問い直して吟味し、再考することが特徴です。

実践知とは、物事を実行する際に必要な知識や考えであり、技術や技能に加え、実践を行うに必要な社会的な態度なども含んでいます。実践知の特徴は、状況によって知の形態が変化するので、状況を踏まえた柔軟で具体的な対応力が求められることです。

情報を持ち寄って分析する　　　　Work・12-1

グループのメンバーが持ち寄ったデータを分析して、それぞれの要素の因果関係を整理し、取り上げた問題を解決するための方針を予測します。

point→

① 持ち寄ったデータシートのコピーをグループの全員に配布します。それぞれの手元には、4～5人が持ち寄った20枚以上のデータシートが集まります。集まったら、まず、データシートに通し番号を書きます。討論をしやすくするために、全員が番号を共有できるようにします。

② 自分の書いたデータシートの概要を順番に説明します。内容の重複や関連に気をつけながら説明を聞き、興味を持った箇所にマーカーで印をつけていきましょう。

Work 04-2 参照。

③ 全員の説明が終わったら、印をつけた箇所について、自分が興味をもった内容を簡単な文章にします。

このとき大切なのは、単語だけを抜き出すのではなく、主語と述語を含んだ文章にすることです。たとえば、「20歳代の若者の転職件数は○○件である」「○○は環境問題への貢献で社会的評価が高い」「デートDVは表ざたにならないケースが多い」「大きな事件になったDVは事前に兆候があった」などです。

20歳だろうが80歳だろうが、とにかく学ぶことをやめてしまったものは老人である。学び続ける者は、みな若い。　　　　　　　　　　　　　　　　　　　　　　　（フォード社創業者　ヘンリー・フォード）

ラベル
貼ったりはがしたりできるポストイット（商品名）が便利。KJラベルなどでもよい。名刺くらいの大きさが使いやすい。

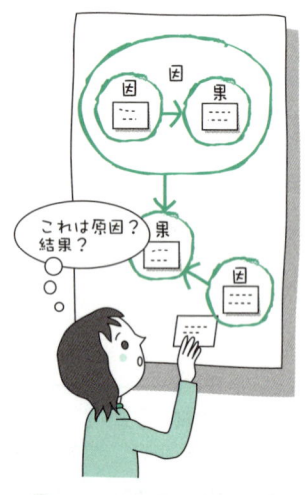

ここでは事実のみを書き出すのがポイントです。「～と思う」とか「～ではないか」などの感想や考えを書いてはいけません。

④ このようにしてまとめた短い文章を、今度は別のラベルに転記します。それぞれのラベルに、情報の出どころとなったデータシートの番号を記入しておきます。また、だれが書いたかわかるように、書いた人のイニシャルも記入しておきましょう。

⑤ できあがったラベルを、全体がよく見えるように模造紙などに並べます。因果関係がありそうなラベルがあれば「因」「果」と印をつけながら、セットにして並べ直しましょう。

⑥ 「因」であることはわかってもその「果」が見つからないラベルがあったら、思い浮かぶ「果」を考えて新しくラベルを作ります。「果」だけがある場合も、同様に「因」のラベルを作っていきます。ここで作ったラベルには「～かもしれない」「～と思う」などの推測が入ってもかまいません。新しく作ったラベルには、ページ番号とは区別できる番号を打っておきましょう。

⑦ このようにしてできた「因」と「果」のラベルのセット同士をよく見ると、2つの「因」が1つの「果」になる可能性があったり、逆に1つの「因」が2つの「果」になっていたりする場合もあるでしょう。また、ある「果」は同時に別な「果」の「因」でもある場合もありえます。

⑧ ラベルがいくつかのまとまりになり、全部のラベルが何らかの因果関係で結ばれるまで作業を続けます。

column
ひととおりできあがったら点検する

　作業が終わったということは、結果が見えてきたことになります。この結果はみなさんの発見した問題に対する解決の1つの案（仮説）です。

　しかし、その前に、もういちど全体を見直して、因果関係がうまくつながっているか、おかしな点がないかを点検してみましょう。1つひとつの因果関係を考えていく時も同じですが、ここで丁寧に点検をしておかないと、レジュメを作ってレポートをまとめていく段階でうまくいかなくなります。そこから戻ってやり直すのは大変ですから丁寧に確認しておきましょう。

　また、当然のことながら、最初の問題発見の答えになりうるのかという検討も重要です。作業しているうちに方向が変わってしまったり、基礎データの収集が適切でなかったりすると、うまく答えが出ない場合があります。

　この種の研究活動ではこうしたトラブルはしょっちゅう起こります。検討の結果、テーマやキーワード、情報収集の範囲などを見直す場合もありますし、基礎データを補充すれば何とかなるという場合もあるでしょう。チームワークでうまく乗り越えていってください。

青春は短い。宝石の如くにしてそれを惜しめ。　　　　　　　　　　（作家　倉田百三）

Study・12-2　レジュメのまとめ方

　　研究内容や重要なポイントをまとめ、報告を聞く人がわかりやすいように作成した資料を**レジュメ**といいます。通常は文字が主体で、必要に応じて図表や写真を挿入します。レジュメは要旨ですから、あまり長くなってはいけません。A4 用紙 1 枚程度を目安に、箇条書きでまとめます。

　　レジュメは従来、自筆か Word などのワープロソフトを使用して作成することが多かったのですが、PowerPoint というプレゼンテーション用のソフトが開発されてからは、そのデータを利用してレジュメを作成することが多くなりました。

　　レジュメに記入しなくてはならない必要項目を、問題発見・問題解決型学習法の展開過程に沿って列記すると、以下のようになります。必ずしもこれらのすべてについて書く必要はありません。見出しを太字にしたり、箇条書きにするなど、わかりやすくする工夫をしてみましょう。

> **レジュメに記入すること**
> ❶**研究テーマ**…タイトルのほか、年月日、学籍番号、氏名など必要事項も見やすく記入しておきます。
> ❷**研究動機**…研究を行う動機や意義などを書きます。
> ❸**研究目的**…研究目的（複数でもよい）を簡潔に説明します。
> ❹**研究方法**…資料の収集方法や研究のまとめ方を簡単に説明します。
> ❺**研究内容**…実際に行った活動
> ❻**分析**…集めた資料からまとめた内容（因果関係図など）
> ❼**結果と考察**…この活動を行って得られた結論

作成分担を決め、レジュメを作る　　Work・12-2

　　プレゼンテーション用ソフトの使用法は次回の授業で学びますので、今回は普通のワープロソフトでレジュメを作成しましょう。

　　Work 12-1 の内容を、上の「レジュメに記入すること」❶**研究テーマ**から❺**研究内容**の順に、グループごとでまとめてください。ここまでの分量の目安は A4 用紙の 3 分の 1 くらいでしょう。グループ研究の場合、通常は最後までグループでまとめますが、今回は因果関係図をどう理解するかという討議はまだ行っていません。つまり、❻**分析**と❼**結果と考察**の段階まで進んでいませんので、この部分は、各自が次回までに作ってきてください。

青年にすすめたいことは、ただ三語につきる。すなわち、働け、もっと働け、あくまで働け。
（プロイセン〔現ドイツ〕首相　オットー・フォン・ビスマルク）

HOME WORK 12　途中までグループで作成したレジュメを完成させましょう。次回に話し合う材料にするので、自分なりのまとめ方でかまいません。

さらに学びたい人のために

物事を考えるときの論理の展開にはいくつかの方法があります。ここではよく使われる演繹法や帰納法について紹介します。

論証のための方法

①演繹法：AならばBである

根拠と主張を結び付けるときの法則の1つは、一般的な原理Aを前提として論理的な推論を行って結論Bを出す、演繹法という方法です。「AはBである。CはAである。ならばCはBである」という、三段論法と呼ばれる論証は演繹法の組み合わせです。この場合、「AはBである」という前提が間違っていると、以下の論証が間違ってしまいますので、この前提部分はとくに間違いのないものを使うことが必要です。

②帰納法：ABCDであればEといえるであろう

帰納法というのは、いくつかの事実関係から結果的に1つの法則を導き出す方法です。調べてきた事実を丁寧に読み取り、それぞれの事実を要素に分解して考えてみて、要素内で共通している点や因果関係など何らかのつながりを探し出し、それを帰納法によって得られた結論とするのです。ただ、帰納法で考えていく場合、材料となる事がらが全部集められていなければ、必ずそうなるという一般法則とまでは言い切れません。基礎となる事実の数が少なければ、ほぼそうなるであろうという程度の答えしか出せません。ただし、集めた事実が少なくても一定の条件下ではすべてに近い場合は、限定された条件下での一般的法則とすることは可能です。

③推測：CならばDではないか

推測とは、ある事実から、そこに含まれない他の事実や一般法則を導き出すことです。したがって、前提となる主張が正しくても、結論が必ずしも正しいとはいえません。演繹法では、前提に含まれている以上の情報を引き出すことはできませんが、推測は新しい情報をもたらす理論です。

第13章 研究報告をまとめる
―― 問題発見・問題解決型学習 3

この章のねらい
- パワーポイントの作成方法に慣れよう。
- 序論・本論・結論という展開方法に慣れよう。
- 仮に得られた結論で問題が解決できるのかを点検しよう。

Scene・13　事例を論理化するのって、むずかしい！

　健太君がまとめてきた法律関係の資料は、グループで検討してラベル化され、関連図の中に組み込まれていきました。メンバーの1人が先輩たちからインタビューしてきた体験談はそのままでは生々しすぎましたが、ラベルにして整理してみると労働問題に結びつくことがわかりました。「具体的な事例は説得力があるから、うまく発表の素材にできるといいね」と先生も励ましてくれました。

　健太君には自分の調べたデータが他の事実と結びついて、そこから新しい意見としてまとまっていく過程が驚きでした。それまでの健太君にとって情報とは他から入手するもので、自分から新しい意見をつくり出して発信するという経験はほとんどなかったからです。

　一方、美咲さんのグループでは、似たようなDVの事例が続出して、関連図に広がりがでてきません。そこで、いったんバラバラに戻してから、要素をさらに細分化し、因果関係のつながりの強さに注意しながら整理しなおすと、パターン別の関連図ができました。

　事例を読んで感じた怒りや悲しみの感情は、事実や論理とは別に扱わなければいけないという経験が、美咲さんには新鮮でした。事件の背景や因果を考えたことによって、考察コメントも冷静に書けた気がしています。

115

情報を集めて整理し、論理化していく作業の楽しさがおわかりいただけたでしょうか。

次は、それを資料にまとめ、他の人に伝える段階に移ります。レジュメを完成させたら、発表用のビジュアル・プレゼンテーション（スライド）を作成しましょう。

持ち寄ったレジュメを点検する　　　　　Work・13-1

お互いに作ってきたレジュメを共有します。その上で、各メンバーが、自分のレジュメの内容を発表します。お互いに必要な質問をして、レジュメの内容を理解します。

point

① 前回の授業で取り組んだ❺研究内容までについて確認します（113頁参照）。それぞれが作ってきたレジュメから、該当部分を切り離して並べてみるとよいでしょう。意味が通っているか、同じ内容のことを別な言葉で表現していないか、などについて検討し、必要な修正を加えます。

② 各自で考えてきた後半の部分を、グループとしてどうまとめるか話し合います。メンバーのレジュメの中で、どれが最も前半との整合性が取れているかなどの観点から、グループとしての❻分析、❼結果と考察を決めます。内容があまり違わない場合は、複数のメンバーの表現を合成するのもよいでしょう。少しずつ違う方向で作成されていて、それぞれに整合性が取れていると考えられる場合は、無理に1つにまとめず、代表的な2〜3を残すという方法もあります。

Study・13-1　スライド資料の作り方

1．ビジュアル・プレゼンテーションの意義

次回は、各グループの研究内容を発表してもらいます。発表内容をわかりやすくするために、スライドを見せながら報告するビジュアル・プレゼンテーションを行います。

ある目的をもった内容を、画面や資料を活用しながら口頭で説明することを**プレゼンテーション**といいます。プレゼンテーションは配布した資料だけを使って説明してもよいのですが、画面を使った**ビジュアル・プレゼンテーション**の方がいっそう効果的です。

その理由の1つ目は、視覚を活用したプレゼンテーションは、文字だけの

簡単ではないこともあるが、君にはできる。世界は君のものなのだから。　（プロ野球選手　ベーブ・ルース）

プレゼンテーションに比べて効果が倍増するという点です。大きな文字や図表、写真などを駆使できるビジュアル・プレゼンテーションは、より具体的に研究像を説明できるため、聞いている人々の理解度が増すのです。

2つ目は、紙面による報告と違い、聴衆の視線が一斉に画面へ向くため、会場全体が発表に集中しやすいと同時に、発表者も聴衆とのアイコンタクトがとりやすく、対話が推進されやすいという点です。

3つ目に、発表する順に文字や図表を出すことができ、印象に残る発表を演出できます。

2．プレゼンテーションの全体構成を決めよう

まず、プレゼンテーションの全体構想を立てましょう。Work 13-1 でまとめたレジュメを用いて全体構成を考えましょう。

プレゼンテーション構想の基本的な流れを以下に説明します。

①**研究テーマ、グループ名**　研究のテーマ、あればサブテーマを記入します。その下にグループ名、構成人員名を記入します。

②**研究動機**　なぜこの研究をやろうと思ったのか、その動機を説明します。どのような点に興味があるのか、研究する目的、知りたい結果などを考えると動機を説明しやすくなります。

③**研究目的**　研究目的をすべて記入します。1つに絞る必要はありません。「研究の意義」として別項を立てて紹介してもよいですが、ここでまとめて発表してもよいでしょう。

④**研究方法**　集めた資料の内容紹介や、その資料の集め方（研究方法）などを発表します。

⑤**研究内容**　行った調査の結果、およびそれらを整理した図解の内容を説明すればいいでしょう。プレゼンテーションをする時には、この部分が多少長くなる場合もあります。

⑥**分析・結果・考察**　この部分は一連の流れになりますので、まとめて発表する方がよいでしょう。今回のグループによるまとめ方では、この部分が2～3通りになる場合もありますが、それぞれ作って発表すればよいでしょう。図解で示すなど、できるだけ報告を聞いている人に理解しやすく興味を持てるように表現しましょう。

⑦**まとめ (1)**　ここまで進めてくると、途中で新しい課題が出てきたり、他の可能性に気がついたりすることもあります。最後にそうした点を今後

友人の果たすべき役割は、間違っているときにも味方すること。正しいときにはだれだって味方になってくれる。
（作家　マーク・トウェイン）

の課題としてあげておきましょう。また、グループでの研究をより良くするために改善すべき点なども触れておくとよいでしょう。

⑧**まとめ (2)**　テーマと直接関連すること以外に、一連の活動から学んだことを整理してください。また、協力してくださった方々に感謝を伝えたい場合は最後にまとめておくとよいでしょう。

⑨**参考文献**　出典の表記については 107 頁を参照してください。

3．スライドを作る

①**項目を立て、素材（文字、図表、写真）を割り振っていく**

　　プレゼンテーション用のビジュアルソフトはマイクロソフト社の PowerPoint（パワーポイント）を使用します。PowerPoint はスライドを使用した画面構成となっています。このため、あらかじめプレゼンテーションに必要なスライド数と 1 枚に書き込める文字数を割り出しておくと便利です。

　　Study 13-1 でふれた項目の中で、何をスライドに書きこむかは、Work 13-1 の作業結果を見ながら検討します。

②**スライド数**

　　発表時間は 1 班 8〜10 分とします。通常、1 枚のスライド報告に 30 秒から 1 分を使用するくらいが、適切な進行スピードとされています。つまり、10 分の報告では 10〜20 枚のスライドが適量となります。この枚数を前提に、各項目にスライド枚数を割り振ります。その上で、1 枚 1 枚のスライドの表題を決めておきます。

③**文字数など**

　　読みやすいように行数を絞るとともに、表題となるような言葉やキーワードを大きなポイントで示すと効果的です。スライドを読んで説明しないことは原則です。作り始める前に、A4 の紙を 1 枚のスライドに見立てて、図表や写真のアウトラインをスケッチしたり、文字を書いて、レイアウトを工夫してみましょう。書き終わったら、報告順に並べて全体を眺めてみましょう。不足があれば付け足し、文字が多すぎる場合は削ります。

④**説明原稿**

　　スライドには要点しか表示できませんので、スライドに表記できなかったことを口頭で説明したり補足する必要があります。プレゼンテーショ

世界で最高の教育は、名人が仕事をしているところを見ることだ。

（ミュージシャン　マイケル・ジャクソン）

ンのスピードは、1分間に200字前後、比較的ゆっくり話すくらいが適切です。発表に慣れるまでは、スライド1枚ごとに説明原稿を用意したほうがよいでしょう。10分の報告では約2000〜3000字分になります。

　原稿ができあがったら、グループのメンバーに聴き役を引き受けてもらい、声を出して読んでみましょう。実際にやってみないと、全体の構成が適切かどうかわかりません。

⑤作成上の注意事項

　ビジュアルソフトを使用すると、説明時間が短くなる傾向があります。スライドには説明文などを細かく入れすぎないようにしましょう。報告時間に合った枚数と説明の量になるように調整します。

⑥実際に作ってみる

　ここまで準備したらパソコンに向かってスライドを作り始めます。

PowerPoint を使おう　　　　　　　　　　　Work・13-2

スライドを作成しましょう。下書きが終わっていれば、グループ全員で手分けして作業を進めるとよいでしょう。

point

① PowerPoint を立ち上げて表題を入れます。（1頁目）
②「新しいスライド」を開いてデザインを決めます。（2頁目）
③ 内容を入力します。
④ スライドの枚数分、②〜③を繰り返します。

　図表を作成する場合はあまり時間や労力をかけなくてすむように簡単なものにします。アニメーション機能を使うと変化をつけられますが、手をかけすぎる必要はありません。

　ウェブから図や写真を流用する場合は、誰がいつ作成したデータなのか、出所はどこなのかをスライドの隅に必ず記入しておきます。

　すでに準備段階で十分に検討してありますので、今までに作った内容から転記するなど、能率的に作製しましょう。

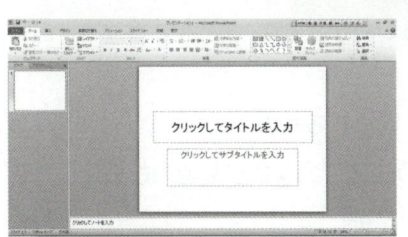

①タイトル入力画面

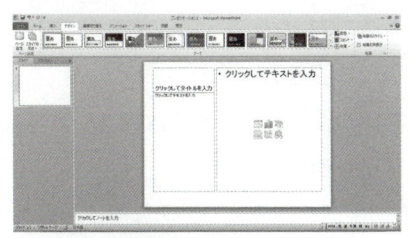

②スライド作成画面

　根本的な才能とは、自分に何かができると信じることである。　　　（ミュージシャン　ジョン・レノン）

Study・13-2　プレゼンテーションしよう

> 自分たちの研究を他の人の前で報告する意義を確認しておきましょう。

承認の欲求
アメリカの心理学者マズロー（A. H. Maslow 1908-70）によれば、人間は生命維持・安全・承認・尊厳・自己実現の5段階の欲求をもっている。承認の欲求はこの3段階目であるが、これが満たされない場合は、自死を考えることもあるくらいに重要な欲求とされている。

1．考えや意見（研究）を認めてもらう

自分たちが考えたことの内容や意味を人々に理解し認めてもらうことは、大きな歓びです。人は誰しも**承認の欲求**を持っています。認められることによって、研究成果に対する自信（自己肯定感）や、研究を成し遂げた充実感（成就感）を感じ、より深く研究し学ぼうとする意欲を高めることができます。

2．考えや意見が適切であることや、改善点を確認してもらう

他の人々に（批判的な見方で）考えや意見を点検してもらい、改善すべき点があれば指摘してもらうことによって、自分たちの報告が人々を納得させられるものであるかどうか判断できます。また、他者からの指摘で自分たちの意見を振り返ってみることができるので、気づかなかった不備も知ることができます。

3．得た知識・思考を身につけ、定着させる

考えや意見を取りまとめる過程で得た知識は、他の知識と関連づけ、体系化されることで、深い理解のもとに定着していきます。自分の考えの正当性（正しさ）や妥当性（適切で間違いがないこと）を確認する作業ですので、自分で自分の考えが適切かどうかを吟味し、正確に理解して定着させる必要があります。この過程は他の人々を納得させるのと同じ論理性が必要とされますので、曖昧な点が残らないよう、自分の得た知識に向き合い、検討しなければいけません。この向き合う姿勢が、知識・思考をしっかりと身につけ定着させることにつながります。

4．プレゼンテーションを行うことで得られるもの

プレゼンテーションを意識的に行うことでさまざまな能力が鍛えられます。それはたとえば以下のような能力です。

　a）物事を**根拠→展開→結果**と論理的に話せる論理力
　b）わかりやすく分解して解説できる解説力
　c）自己の意見や見解を正確に語ることができる主張力
　d）会場の規模や状況に合った適切な語り口や語調、声の大きさや表情、姿勢などを察して報告ができる状況判断対応力

これらの能力は、社会生活、中でも職業生活を送る上で大切な資質と見なされるもので、経験して学ぶことがたいへん重要です。したがって、できるだけメンバー全員が関われるように準備を行いましょう。

理想を信じ込んだら、あなたはあなたの主人でなくなる。代わりに理想があなたの主人になる。
（作家　レイモンド・チャンドラー）

第 13 章 ● 研究報告をまとめる

HOME WORK 13

1. 修正したレジュメをベースにスライドを完成させてきましょう。
2. 事前に各グループのレジュメが配布される場合は読んで質問を考えてきましょう。

さらに学びたい人のために

事前にリハーサルをしておくと、自信をもって本番を迎えられます。

発表のリハーサル

【準備】
① 本番と同様に、レジュメの他、参考資料をできる限り揃える。
② 実際の発表に近い大きさの会場を用意する。
③ 友人に依頼して聴衆役を引き受けてもらう。
④ ストップウォッチやタイマーなどで制限時間がわかるようにしておく。

【予行練習】
以下の点を、聴衆役の友人からチェックしてもらいましょう。
① 必要事項（班名、研究テーマ、研究目的など）は述べられているか。
② 説明の道筋や論理は明確で一貫しているか。
③ 言葉は明瞭で声量やスピーチのスピードは適切か。
④ 研究内容の説明は意味や妥当性が確保されているか。
⑤ 報告時間は厳守されているか。
⑥ 服装は適切か：華美なものやラフすぎる服装だと、報告もラフなものであったと悪印象を受ける可能性があります。服装の TPO に留意しましょう。
⑦ 報告者の視線：報告者が原稿やスライドばかりを見ていたのでは、聴衆の集中力もそがれてしまいます。できるかぎり聴衆を見て、対話するように心がけましょう。
⑧ 報告の姿勢や態度：落ち着きがなかったり傲慢な態度だと、報告の印象を不良にしてしまいます。自然に立った姿勢で適度な身振りが入ったものにしましょう。
⑨ 差し棒やポインターの使い方：動かし過ぎると、聴衆は視線に気をとられ報告の正確な把握ができなくなってしまいます。タイミングを絞り、聴衆が正確に把握できるような速度とポジショニングを行うよう注意しましょう。

【反省と改善】
　上記①〜⑨の点を聴衆役の友人に講評してもらい、不備な点は改善しましょう。

第14章 プレゼンテーションとレポート
――問題発見・問題解決型学習 4

この章のねらい
- ●プレゼンテーションの技術を身につけよう。
- ●レポートのまとめ方を修得しよう。

Scene•14　いよいよ発表！　備えあれば失敗なし

　健太君は最初のうち、グループ内で発言するのが苦手でした。自分の意見にみんなが同意してくれれば嬉しいけれど、否定されてしまったら「おまえはバカだな」と人格までも否定されたような気持ちになりそうで怖かったのです。でも、実際に作業を始めると、そんなことをいちいち気にする必要はないことがわかりました。みんなが違う意見を主張し合い、最後には誰の意見でもない、まったく新しい結論にたどりつくこともしょっちゅうありました。作業の役割分担もうまくいき、気がつけば全員がいつもお互いの成果を讃え合う関係になっていました。

　一方、美咲さんたちのグループは最初からケース分析で話が盛り上がりましたが、レジュメやスライドをまとめる段階になると、多くの候補からどれを選ぶか迷ってばかりで、決断ができずに困りました。そこで、メンバーが発表役と聴き役に分かれて、「どんな発表だと興味を持ってもらえるか、理解しやすいか」を考えながら意見交換して、少しずつ内容を決めていくことにしました。時間配分や段取りを考えながら進めていったため、無駄なくまとめることができました。スライドの色合いにも全体で統一感を出すなど、こだわりの演出が自慢です。

第14章 ● プレゼンテーションとレポート

> プレゼンテーションとレポートでは、報告する内容は同じでも、「どのように伝えるか、どうすれば伝わるか」が大きく違います。ここではその技術を実習しましょう。

Study•14-1　プレゼンテーションの前に

このゼミでのプレゼンテーションの意義について、もう一度確認しておきましょう。

①問題発見・問題解決型学習の展開を明らかにする

自分たちのグループが問題発見・問題解決型学習を進める中で、何をどうしたかが伝わらないといけません。そのため、**目的、意義、方法、結果**が正確に理解・把握できるように努めます。理解が難しい言い回しやあいまいな表現がないよう、できるだけ事前に修正しておきましょう。

②論理的整合性を重んじる

問題発見・問題解決型学習で行ってきたように論理的に説明します。**こういう理由だから→このような現象が起こり→その結果こうなる**というように**原因→結果**の関係を明確にしながら説明しましょう。

③オリジナリティを大切にする

自分たちの興味ある問題を解決しようと積極的に取り組んだのですから、独自の視点や考え方、新しい見方など、これまでにないオリジナルな見解があれば、それを主張しましょう。ただし、なぜそのような見解を主張できるのか、合理的な説明ができることが必要です。

> **オリジナリティ**
> 学会の研究発表などでは、すでに誰かが同じことを発表していないことを慎重に研究しないとオリジナリティの主張はできない（先行研究）。ただし、同じ結論でも証明の過程が違えば評価されることもある。

Study•14-2　プレゼンテーションのポイント

1．表現上のポイント

①落ち着いて、堂々と話す

話すときはお芝居のセリフのつもりで、ゆっくり、はっきり話しましょう。大げさな抑揚は不要ですが、棒読みにならないよう、気持ちをこめてリズム感を出すと、聴衆も気持ちよく聞くことができます。発表者が下（原稿）ばかり見ていると聴衆は集中できずに飽きてしまいます。できるだけ聴衆を見てアイコンタクトをとりましょう。

②重要な部分を強調する

　　重要な箇所は、ポイントであることが聴いている人にわかるように、言葉に力を入れたり、ゆっくり話したり、アイコンタクトを使ったりしましょう。

③わかりやすい言葉を使う

　　耳から聞いてすんなり理解できる言葉を選びましょう。文章は短めにします。ユーモアや冗談も時には必要ですが、主目的は自分たちの研究を理解してもらうことですから、必要最低限にとどめましょう。流行語（辞書などでその意味が決まっていない言葉）は、使わないことが原則です。特定の集団（若者仲間）にいると、その特定集団の中でしか通じない言葉だということがわかりませんので、家族に聞いていただくなどして、点検してもらいましょう。

④客観的な表現を心がける

　　報告者の感情を表した情感的な言葉（例：悲しい、うれしい）や価値判断を入れた言葉（例：ひどく〜、すごく〜）は、極力避けます。どうしても使う必要がある場合はできるだけ具体的な表現を心がけ、恣意的にならず、誰もが納得できる表現にしましょう。

2．進行上のポイント

①**タイムキーパーの係を決めておく**

　　タイムキーパーは進行の速さに応じて、「まく」（短縮する）、「のばす」（引き延ばす）のサインを出します。リハーサル（121頁）のときのタイムと比較するとよいでしょう。

②**スライドの切り替え**

　　話す係とスライド係を分ける場合は、どこでスライドを切り替えるか、事前によく相談しておきます。スライドは1枚ずつ独立していますから、切り替えるときは前後の関係もしくは流れを口頭で説明する必要があることを忘れないようにしましょう。

③**予備のスライドを用意しておく**

　　本番はどうしても早口になりやすいので、早めに終わってしまうことがあります。プレゼンテーションのおさらい用の画面を最後に1枚用意しておくと、こういうときに便利です。余った時間を使って全体の流れをふりかえります。時間が足りないときはこの画面は使わずに終わらせればよいのです。

知識も大切だが、知恵をもっとだせ。知識は比較的簡単に手に入るが、知恵は大きな努力と体験がないとなかなか手に入らない。

（日清創業者　安藤百福）

3．発表を聞くときのポイント

①質問や意見を述べる時のマナー

（1）質問や意見を述べる時は、手を挙げて司会者に発言の意思を伝え、指名されたら立ちあがって、自分の名前を名乗ったのちに、質問や意見を述べます。まずどの箇所に対しての質問かを明確にし、次に質問または意見の要旨を述べてから、少し詳しく内容を説明します。質問や意見のある人は他にもいるでしょうから、簡潔にわかりやすく話しましょう。

（2）発表者に敬意を払いましょう。どのグループも分担し合って調査したり、レジュメを作るために工夫したりしています。苦労を評価せず、不備や欠点のみを厳しく責める質問や意見は慎しむことが大切です。

> ○○グループの◆◆ですが、1つ質問があります。ただいまご報告のあった○○頁の○○についてですが……
>
> 名乗った後で質問箇所と内容を簡潔に述べる。

②予想できる質問や意見

（1）言葉の使い方や、数字の確認、組み立ての仕方など、内容を確認する質問。

（2）テーマ全体に関しての質問や意見。研究全体について、あるいは、研究の目的・方法・内容・分析・結果・考察などに関しての意見や質問。

③問いや意見を出すことで学ぶ

質問や意見を出す側にとっても新しい気づきが得られるので、発表を聞く側も他のグループの発表から積極的に学ぶことが可能です。

④改善の具体的提案をする

改善提案としての意見を出すことも大切です。つねに自分ならどのように解釈するだろうと考えながら他のグループの発表を聞くことが大切です。意見として「○○のように考えることもあり得るのではないか」という代替案を述べることは許されます。

4．興味深い点と改善すべき点の整理

聴衆からいろいろな意見を出してもらい、それをもとに自己評価するという二重の評価は、自分たちの発表内容を見直すことにつながり、改善案を考えるための示唆を得ることができます。そのためには、自分たちの研究で最も意見を募りたい部分を、発表前に伝えておくのもよい方法です。

プレゼンテーションの技法についての評価もあります。この点についても自分たちで評価してみるのと同時に、他グループの人たちからも意見を聞いて比較してみることはたいへん良い学びになるでしょう。

最初から「できない」ことを前提にせず、「どうしたらできるか」を考えてほしい。「不可能」と「困難」は違うのである。
（日本ユニシス社長　西川晃一郎）

コメント用紙に記入しながら各グループのプレゼンテーションを聞いてみましょう。

ワークシート ◆ 14-1　プレゼンテーション・コメント用紙

グループ名		研究テーマ		
コメント項目	興味深かった点	理解できなかった点		その他
研究目的				
研究方法				
研究内容				
分析				
結果				
考察				
今後の課題				
まとめ				

チェック項目	大変良い	まあ良い	気になる	要改善	わからない・その他
説明は聞きとりやすいか					
全員で役割を分担しているか					
順序や内容はわかりやすいか					
説明の論理は一貫しているか					
スライドは見やすいか					
図表は活用されているか					
予定時間内に終了したか					
質問の内容を理解してスムーズに答えられたか					

＊あてはまる欄に○をつける。

やってみなはれ。やらなわからしまへんで。　　　（サントリー創業者　鳥居信治郎）

第 14 章 ●プレゼンテーションとレポート

全体プレゼンテーションに参加する　　　Work・14-1

1つの班の報告持ち時間8〜10分、質疑時間3〜5分で、プレゼンテーションを行います。
　準備を整えて発表時間を厳守し、他のグループの発表もしっかり聞いて、質問や意見を出すことを楽しみましょう。誰でも緊張しますから、失敗しても大丈夫です。大学での学びは、試行錯誤や失敗を繰り返して今後に活かすためのものだと割り切り、のびのびと自分たちの意見を主張しましょう。

Study・14-3　　レポートのまとめ方

レポート
(英) report
レポートの語源は、re-（後へ）＋port（運ぶ）。転じて「報告」という意味。

　大学では、授業や研究の内容をまとめて教員に提出し、それを基に評価を受ける報告書を**レポート**と呼びます。ではレポートはどのような特徴を持ち、感想文などの意見やコメントとどこが違うのでしょうか。

1．レポートをまとめることで身につくこと
①自らの考えを他者に説明する力が身につく

　レポートは起きたことに関する報告が基本です。したがって、通常、レポートには自分の感想や、根拠があいまいな意見は書きません。つまり、まず事実を記述し、そのうえで誰が見ても納得のいく視点から分析し、あいまいな表現（例：〜のようだ、〜と思う）を極力排除した文章で表現します。

　当然、自らの考えを「なぜそういえるのか」と振り返って考え直しながら、多くの人に指示されるような思考プロセスをたどって書くことが重要です。しかも読み手（上司や教官など目上の人物が多い）が理解してくれるように、章立てなどの全体構造をきちんと順序立てて書かなくてはなりません。

　インターネットの発達によって、どの企業・産業でも広汎な人々に文章で情報を開示することが求められるようになりました。自分の意図する事がらを論理的に書くことができる文章力（レポート力）は、現代社会を生きていくうえで今後ますます必須の力となっていくでしょう。

②自分たちの研究や考えを体系化する力が身につく

　レポートを書く目的は、自分たちが考えたことの全体像と独自性（オリ

最も偉大な人々は、人に知られることなく死んでいった。人々が知るブッダやキリストは、第二流の英雄なのだ。
　　　　　　　　　　　　　　　　　　　　　　　　　　　　　　　　　　　　　（作家　ロマン・ロラン）

ジナリティ）を示して読み手の理解を得ることです。つまり、自分たちの考えていることの全体構造や方法や分析、さらには得られた見解の特徴や特質を体系化（系統立ててまとめること）して、他の考えとの違いを明確にし、読み手が正確に把握できるようにすることが大切です。

　自分の考えを体系化して表現できる能力は、日常生活のトラブルや交渉でも必要になることが多い能力です。

③**人を納得させる文章技法が身につく**

　レポートは学術文の初歩です。その作成技法は、一般社会では業務報告書や企画（プロジェクト）計画書などを作成する際の基本となります。ですから、レポートの作成技法をきちんとマスターしていれば、将来どの分野に進んでも応用が可能となります。具体的な技法としては、**章立て**や**全体構成**の方法、**段落（パラグラフ）**や**文章（センテンス）**の構成、**接続詞**や**代名詞**の使い方、**引用**や**参考文献**などの出典の明記法などがあります。

④**自分自身の内的世界の成長に役立つ**

　自分で理解していることを読み手に納得させる文章を書くには、内容をよく**省察**（振り返り考えること）し、**熟考**し、**推敲**（書いた後に文章を練り直すこと）を繰り返す必要があります。この、内容を振り返り、熟考し、さらに推敲する過程は、自己と向き合い対決しながら内的世界を書き替えていくという、新しい挑戦を伴う作業です。

　レポートを書くことは構成力が問われる作業なので、省察力や熟考する力を養うことになり、自分自身の中に豊かな内的世界をつくりだしていくことになります。さらに、グループで熟考し、検討しあうことは、さまざまな考えを出しあってよりよいものにしようとする力が働くので、自分一人で考えるより多様で客観的な見解を獲得できる可能性が大きくなります。

2．レポートの構成——序論・本論・結論

　では、実際にレポートとはどのようにまとめるのでしょうか。この本では第11章から問題発見・問題解決型グループ学習法で作業を積み重ねてきました。その取り組みをそのまま文章化すればレポートになりますので、難しく考える必要はありません。しかし、一応の原則は改めて確認しておきましょう。なお、以下の各項目について、論文の場合は学問分野によって、

未来を予測する最善の方法は、自らそれを創りだすことである。

（パソコンの父・計算機科学者　アラン・ケイ）

先行研究や仮説の提示などが必要ですが、レポートで書く場合は記述量の制限の範囲で要点を記せばよいでしょう。

①**全体の構成**

レポートの構成は、Work 11-2 の図 11-3（102 頁）にあるように、**序論・本論・結論**という構成をとります。問題発見・問題解決型学習法で言えば、問題発見（問題提起ともいう）の部分が序論になります。その問題提起を受けて、いろいろと検討していく過程が本論になり、検討結果をまとめたものが結論です。最近は結論のかわりに結果と考察とする場合も多くなっています。

102 頁の図参照

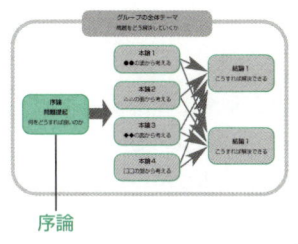

②**序論**

序論では、レポートで何を考えるのか、つまり、提起している問題の内容を中心に記述します。ほかにも、なぜその問題（テーマ）を取り上げるのかという理由の説明や、テーマに関連しての先行研究の概要、先行研究に対してのテーマの独自性、そのテーマを取り上げる社会的意義などを含む研究目的についても触れておきます。

③**本論**

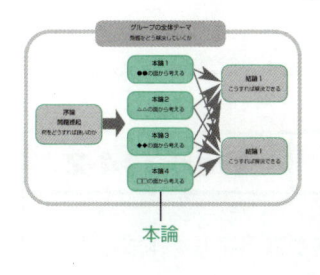

本論では、結論を導き出す根拠の説明が中心になります。まず、集めたデータ・資料の内容やその集め方（研究方法）を説明します。大切なのは、必ず具体的に出典を示せる事実や資料をルールに従って引用するということです。そして、それをどう分析したのか、方法を含めて説明します。次に、その分析結果、その結果に関して自分で考えたことを**考察**として報告します。

④**結論**

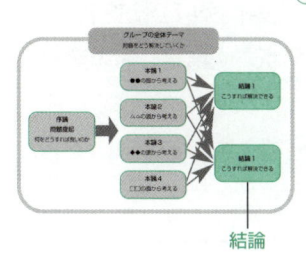

最初から一定の結論が仮説として設定されている場合は、集めた基礎資料がどうやって結論につながるのかという思考プロセスを明確にします。たとえば、「第1の根拠は〜の観点から考えて〜であり、第2の根拠は〜の観点から考えて〜であり、第3の根拠は〜の観点から考えて〜である。したがって結論は〜と考えられる」のように論旨を組み立てます。

本論で行った資料の分析が、必ずしもレポートを書く人の予想どおりにはいかない場合もあります。その場合は、無理に自分の意見に引きつける必要はありません。資料から言えることを**分析**し、その結果について自分が考えたことを**考察**として報告し、その考察を総合的にまとめたものを**結論**として報告すればよいのです。

何でも「面白がる」ことができるのは、ひとつの才能です。「面白がる」力をもとう。

（帝塚山大学教授　岩井洋）

⑤まとめ

　レポートは結論まで書けば一応完結しますが、多くの場合は問題としてとりあげたテーマがすべて解決されるわけではなく、さらに細分化されたり、修正されたテーマに引き継がれる必要が生じます。この点を残された課題として整理し、レポートのテーマが将来どういう方向の問題発見・問題解決型学習のテーマとして広がっていくのか、その展望をまとめとして報告しておきます。このまとめの中に、問題発見・問題解決型学習を支えてくれた情報提供者などへのお礼の気持ちを書き添える場合もあります。

引用の原則

　引用はオリジナルな資料から行うのが原則です。他の資料から引用された文章や図をさらに引用することを孫引き、もしくは二次利用といいます。孫引きは正確でなかったり、前後の論旨が不明だったりしますので、必ずオリジナル資料を探して確認し、そこから直接引用するようにしましょう。

　引用部分は「　」でくくり、一言一句変えず原典どおりに写すのが原則です。出典についても必ず明示します（出典の示し方は 107 頁参照）。

レポート作成　　　　　　　　　　　　　　　　　Work・14-2

　グループで報告した内容をレポートにしましょう。すでにレジュメやスライドを作成しましたので、これらを活用してまとめます。

　レポートの構成はプレゼンテーションと同様、①研究タイトル（サブタイトル）　②班名、班構成員名（役割分担）　③研究目的　④研究方法　⑤研究内容　⑥分析　⑦結果　⑧考察　⑨結論　⑩まとめ―今後の課題、などです。

　⑥～⑨は複数になる可能性もありますので、グループで相談して分担を決めてもいいでしょう。

HOMEWORK 14

1. プレゼンテーションと同じテーマでレポートをまとめてくる。
2. 「この演習授業で学んだことは何か」というテーマで、1500 字前後のレポートをまとめてくる。

　充実した大学生活をおくることは簡単だ――それは大学生でしかできないことを見つければいい。

（東京工業大学教授　弓山達也）

さらに学びたい人のために

パソコンはもはや使いこなせて当たり前のツールです。使っているうちに慣れてきますので、どんどん使いましょう。ここでは用途に応じてさまざまなソフトがあることを確認しておきます。

研究と報告に必要なパソコンソフト

①ワープロソフト

　文書作成用のソフトです。代表的なのはMicrosoftのWordや日本語ワープロ用に開発された一太郎です。レポートなどの文書を作成するのに必須のソフトです。廉価版のパソコンには入っていないことがありますので、購入時によく確認しましょう。

　自宅のパソコンで作ったデータをUSBに入れて学校のパソコンで開く場合や、添付メールにした場合などに、使っているOS（オペレーティング・システム）やバージョンが違っていると、データが開けなかったり、文字修飾やレイアウト機能が反映できないことがあるので注意します。

②表集計用ソフト

　データを表入力し、演算を行ったりグラフに変換したりするソフトです。代表的なのがMicrosoftのExcelです。並べ替えや検索もできるので、データ整理には便利です。表形式の文書作成にも使います。

③メールソフト

　メールを送受信するソフトです。MicrosoftではアプリケーションとしてOutlookが付属していますが、ほかにも多数のフリーソフトがあります。サーバーを介してメールを送受信するもの、メールのデータ自体がウェブ上に保存されるものなど、目的や料金に応じて選ぶとよいでしょう。

④データ管理ソフト

　スケジュールやアドレスの管理が簡単にできるソフト、データベース機能のあるものなど、用途に応じて非常にたくさんあります。写真や音楽などの保管用ソフトは機器に付属してきます。便利だからと次々にインストールしているとパソコンに負荷がかかる場合もあります。

⑤プレゼンテーションソフト

　118頁参照。

⑥グラフィックソフト

　絵を描く、写真を加工する、動画編集など、用途に応じて選びます。大容量のパソコンを使わないとうまく作動しないことがあります。

⑦ウイルス対策ソフト

　最近のウイルスは悪質ですので、パソコンを使う場合は必ずウイルス対策ソフトが有効になっていることを確認しましょう。こまめなアップデートも必要です。

第15章 基礎ゼミを振り返って
――人生という学びの場に向けて

この章のねらい
- このゼミで自分が学んだことを確認しよう。
- 研究を文字化する意義や価値、技術の基礎を学ぼう。
- このゼミで素晴らしいと思った仲間の行為を確認しよう。
- 自己は信頼に足る存在であり、可能性に満ち、未来へのエネルギーを所有した存在であることを自覚しよう。

Scene•15 ここから始まる、大学での学び

　サークルとバイトで忙しい健太君にとって、課題や作業が多く、なにをどこまで調べればいいのかわからない基礎ゼミは最初のうちは負担でした。宿題をやってこないメンバーを責めたり、サブゼミの日程調整がうまくいかずにグループの雰囲気が気まずくなったこともありました。それでも1つひとつの作業を終えていくうちに、チームワークもよくなっていき、共同作業も面白くなって、最後までがんばり通すことができました。たった半年のあいだに、調べること、書くこと、発表することに自信がつき、ほかの講義にも積極的に参加することができそうです。発表や発言の多い授業だったので、クラス全員の個性が見えてきて、親しく声をかけあう友人も増えました。

　美咲さんは空いた時間を図書館ですごすことが増えました。講義で興味をもったテーマについて専門書を検索することもありますし、小説を借りたり、雑誌を読むこともあります。美咲さんは大学のサークルをやめ、ボランティアで帰国子女の教育支援活動をしています。いまでは困ったことがあれば相談できる友人もたくさんいますし、深刻な悩みは専門の相談機関に行くのがよいことも知っています。悩みを乗り越えたこと、そして多くの人が支えてくれていることが自分を強くしてくれたと美咲さんは思います。

大学での演習系授業の学びのまとめは、ほとんどがレポートとプレゼンテーションで終わります。この基礎ゼミでも、まとめのレポートを書いて、それを報告して終わることにしましょう。一緒に苦労し、努力しながら学んできた仲間たちとともに成長した実感も大切にしたいので、この回でのプレゼンテーションは相互に学習成果が確認できるように、お互いにコメントしあうことにしましょう。

90秒スピーチ　　　　　　　　　　　　　　　　　　Work・15-1

　参加者がそれぞれに学んだ内容を全員で共有することを目的に、報告会を行いましょう。発表時間は90秒です。「基礎ゼミで学んだこと」をテーマに、伝えたい内容をまとめてください。「この章のねらい」であがっているポイントを参考にテーマを決めてもいいでしょう。

　1つの報告が終わったら、必ずグループのメンバーから1名とグループ以外の1名以上が、「その報告（者）から学んだこと」をコメントしましょう。

　短い90秒の報告とはいっても、プレゼンテーションです。何をどう話すかは事前に準備をしておきます。話す内容は箇条書きで整理しておくとよいでしょう。

Study・15-1　社会人基礎力とは

　「問題となっていることを発見し解決策を探る」という、このゼミで学んだスキルは、当然のことながら実際の問題にも対応可能で、かつ社会に出ても通用することを目的としています。

　これと似たスキルとして、経済産業省が2006年から提唱している**社会人基礎力**を紹介しておきましょう。これは、大学入学時に重視された学力だけでは、社会人として仕事上の問題を解決していくには十分とはいえないという反省をふまえて、大学生が社会人として身につけておくべき資質をまとめたものです。

　逆に言えば、社会や企業はこうした能力が備わっている人材を求めているということですので、これらの力をバランスよく養うことを心がけるとよいでしょう。

社会人基礎力＝組織や地域社会の中で多様な人々とともに仕事を行っていくうえで必要な基礎的な能力

職場や地域社会で活躍する上で必要となる能力

＊それぞれの能力の育成については、小・中学校段階では基礎学力が重視され、高等教育段階では専門知識が重視されるなど、成長段階に応じた対応が必要となる。

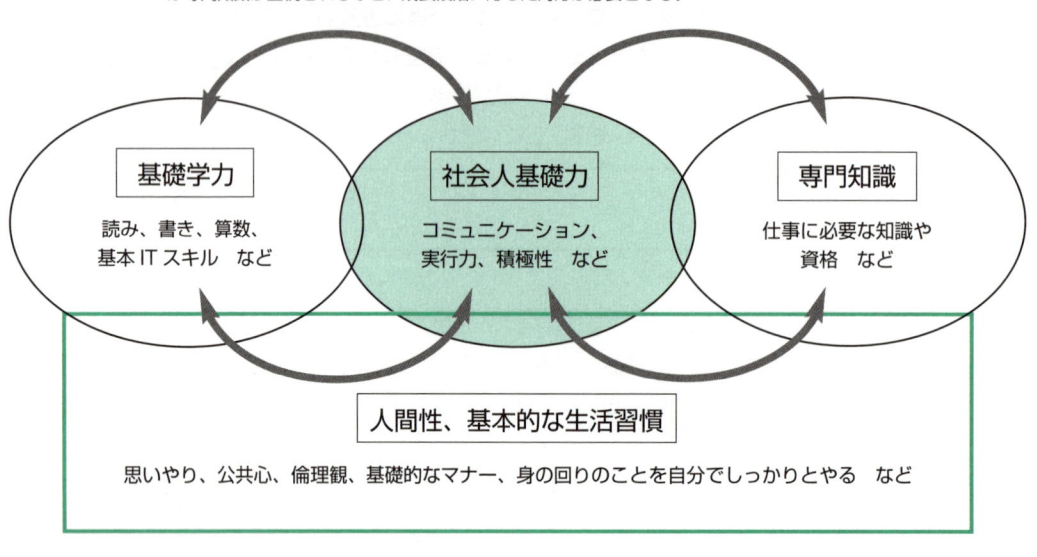

基礎学力
読み、書き、算数、基本ITスキル　など

社会人基礎力
コミュニケーション、実行力、積極性　など

専門知識
仕事に必要な知識や資格　など

人間性、基本的な生活習慣
思いやり、公共心、倫理観、基礎的なマナー、身の回りのことを自分でしっかりとやる　など

社会人基礎力を構成する3つの能力

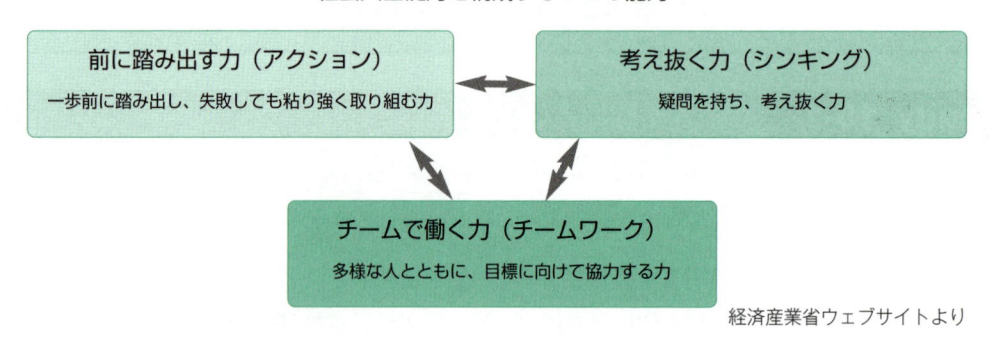

前に踏み出す力（アクション）
一歩前に踏み出し、失敗しても粘り強く取り組む力

考え抜く力（シンキング）
疑問を持ち、考え抜く力

チームで働く力（チームワーク）
多様な人とともに、目標に向けて協力する力

経済産業省ウェブサイトより

　この2つの図に見るように、**社会人基礎力**は、基本的な生活習慣や、他者と自分の関係を適切に考えられる人間性に支えられ、日常生活と結びついた基礎学力や専門知識との相互作用の中で身についていくものだと考えられています。また、その具体的力量は、**前に踏み出す力**と**考え抜く力**と**チームで働く力**の3つの要素から構成されると考えられ、さらにその3つの力量は具体的に何を指すかも、例示も含めて次の表にまとめられています。

あなたの存在そのものが、きっと誰かを幸せにしています。それを感じてみてください。
（東海大学元教授・臨床心理士・産業カウンセラー　押野谷康雄）

第15章 ●基礎ゼミを振り返って

社会人基礎力の能力要素

分類	能力要素	内容	例
前に踏み出す力 （アクション）	主体性	物事に進んで取り組む力	指示を待つのではなく、自らやるべきことを見つけて積極的に取り組む。
	働きかけ力	他人に働きかけ巻き込む力	「やろうじゃないか」と呼びかけ、目的に向かって周囲の人々を動かしていく。
	実行力	目的を設定し確実に行動する力	言われたことをやるだけでなく自ら目標を設定し、失敗を恐れず行動に移し、粘り強く取り組む。
考え抜く力 （シンキング）	課題発見力	現状を分析し目的や課題を明らかにする力	目標に向かって、自ら「ここに問題があり、解決が必要だ」と提案する。
	計画力	課題の解決に向けたプロセスを明らかにし準備する力	課題の解決に向けた複数のプロセスを明確にし、「その中で最善のものは何か」を検討し、それに向けた準備をする。
	創造力	新しい価値を生み出す力	既存の発想にとらわれず、課題に対して新しい解決方法を考える。
チームで働く力 （チームワーク）	発信力	自分の意見をわかりやすく伝える力	自分の意見をわかりやすく整理した上で、相手に理解してもらうように的確に伝える。
	傾聴力	相手の意見を丁寧に聴く力	相手の話しやすい環境をつくり、適切なタイミングで質問するなど相手の意見を引き出す。
	柔軟性	意見の違いや立場の違いを理解する力	自分のルールややり方に固執するのではなく、相手の意見や立場を尊重し理解する。
	状況把握力	自分と周囲の人々や物事との関係性を理解する力	チームで仕事をするとき、自分がどのような役割を果たすべきかを理解する。
	規律性	社会のルールや人との約束を守る力	状況に応じて、社会のルールに則って自らの発言や行動を適切に律する。
	ストレスコントロール力	ストレスの発生源に対応する力	ストレスを感じることがあっても、成長の機会だとポジティブに捉えて肩の力を抜いて対応する。

社会人基礎力の具体的な育成・活用シーン（大学生：ゼミでの活動の例）

　最近企業を辞めて教授になった先生のゼミをとったところ、先生がもっと授業を面白くしたいと考えていることを知った。そこで、「ゼミを面白くする会」を立ち上げようと決心した。**（主体性）**
　他のゼミ生にも呼びかけ、授業の改善に向けてどのように取り組むべきか、改善策について皆でアイデアを出し合うことに決めた。**（働きかけ力、計画力）**
　話し合いで他のゼミ生と意見が衝突したが、反対意見についても丁寧に耳を傾け、「授業改善プラン」を取りまとめた。**（柔軟性、ストレスコントロール力）**
　ゼミの活性化のために、毎回テーマを決めて冒頭に一人ずつ発表することとしたが、ゼミの雰囲気を盛り上げるため、発表後の意見交換を提案した。**（創造力）**
　発表会の実施にあたっては上手くいかない回もあったが、その都度改善のために工夫を凝らし、1年間継続してやり遂げた。**（課題発見力、実行力）**

　　　　　　　　　　　　　　　　　　　　　　　　　　　　　　　　　　（経済産業省ウェブサイトより）

人の短所と長所は、状況によって姿を変える同じもの。長所発揮の状況を探すべし。

（大妻女子大学教授　宮田安彦）

さらに学びたい人のために

> このゼミでは問題発見・問題解決型の学習法を学びました。この問題発見・問題解決型学習法は「問い」を発見することから始まります。つまり大学で学ぶということは、つねに「問い」に対する答えの出し方を学ぶということでもあります。
> では、「問い」はどういう方法で探せばいいのでしょうか。この点について、少し問題提起をしておきましょう。

未来への視点

　みなさんの世代では、人生が100年以上に及ぶことも珍しくなくなると思います。長い人生を充実したものとするには、ある程度の計画を立てていく方がよいことも学びました。計画を立てるためには、未来社会がどうなっていくのかも考えなければなりません。かつては未来を予測することはきわめて難しかったのですが、近年の研究である程度予測できるようになってきました。

　さまざまな未来予測の中で、一番わかりやすいのは人口予測です。地球上の人口は1900年には17〜18億人だったのですが、1950年には25〜26億人を超え、2000年には60億人を超えました。2010年には68億人を超えたと伝えられています。このままいけば、21世紀中葉以降に100億人を超す可能性が大きくなっています。

　もしこの予測が正しいとすると、21世紀に生きる地球市民としての私たちは、近未来にどのような「解決しなければならない問題」に当面するのでしょうか。1人の人間の力は小さいとしても、私たちは「どうやって日本や世界に貢献できるのか」、その内容が個々に問われます。自分の人生だけを考えるのではなく（もちろん自分の人生も大切にしつつ）、自分なりに何をもって社会と関わろうとするのかということが問われるのです。たとえば、私たちが取り組むべき「人類が解決を迫られている課題」には以下のような内容が推測されます。

(1) 安全かつ豊富な食料生産技術の開発
　世界人口は年に約1億人ずつ増えるという現在のペースでいけば、21世紀中葉に100億人を超えることになり、地球環境はその食料生産に耐えられるかどうか危惧の声がでています。日本もその時点で食料輸入が困難になることも予想されます。とすれば、当面、日本における（安全な）食料の自給を目指して研究開発を行うことは、とても大きな社会貢献になりえます。生産を増やすというだけでなく無駄をなくすという活動も重要になるでしょう。

1年生は出席とノートテークが命！

（東海大学名誉教授　川野辺裕幸）

(2) 無限エネルギー資源の開発

　石油エネルギーへの依存はいつまでも続かないことはご存じでしょう。環境問題への対応を考えれば、太陽熱（光）や風力、波力、地熱力など自然エネルギーを活用可能なエネルギーに換える研究や、そのための技術開発は急務でしょう。一方、エネルギー開発だけではなく、省エネルギーも重要な課題です。日本は島国であり、良くも悪しくも他国との境界線は明確です。そのため、エネルギーの自給自足が必要となる可能性も考えておく必要があるでしょう。開発途上国にとってはさらに深刻な課題ですので、エネルギー問題への取り組みはそれらの国々への社会貢献にもつながるでしょう。

(3) 地球の環境を改善する技術の開発

　大気や河川、気象など地球環境の急激な悪化は誰の目にも明らかです。手遅れになる前にこれを食い止め、改善するための方法を考え、実行する指針を考えることも大きな課題です。

(4) 世界の福祉（貧困からの脱出）への貢献

　社会が発展し、社会構造が複雑になるほど社会的弱者が生まれやすくなります。教育を受けられない貧しい人々は、自分たちだけの努力では弱者であることから抜け出せません。豊かな日本で学習の機会に恵まれた私たちは、視線を世界に向けて、貧しい国々にたいする教育援助や開発支援という手段で世界に貢献することもできます。

　上に挙げたような世界規模の危機が広がる一方で、日本では孤老死や自殺が増え、家族やコミュニティによるセイフティ・ネットが弱体化してきたという新たな問題も生まれています。

　未来を担うみなさんには、自分の能力を最大限に活かし、個人の尊厳を守りながら、力強く生きていっていただきたいと心から願ってやみません。そして、上記のようなスケールの大きな問題への取り組みも、人生のテーマの1つとして視野に入れていただければ、21世紀はきっとすばらしい世界になっていくことでしょう。

人口類推の出典は大塚柳太郎・鬼頭宏著『地球人口100億の世紀』1999年12月刊　ウェッジ選書

他者との違いを怖がるな。むしろその違いに新たな創造の芽がある。　　（大妻女子大学名誉教授　川廷宗之）

●データシート

方法の分類　①自己体験の整理　　④統計資料　　　　⑦文献
　　　　　　②他者からの伝聞情報　⑤調査データ　　　⑧インターネットによる情報収集
　　　　　　③フィールド調査　　　⑥新聞記事など観察データ

作成者名	作成年月日	整理番号

情報の出所

*データシートの使い方は 104 頁参照。弘文堂のウェブサイトには A4 判のデータがある。

あとがき

　AO入試や推薦入試で大学を志望する人と面接することが多くなりました。
「何でこの大学を選びましたか？」「大学でどんな勉強をするつもりですか？」「卒業後はどういう仕事に就きたいですか？」
　みんなちゃんと用意をして来ていて、ハキハキと答えてくれます。でも本当に、この大学のことをわかっているんだろうかと思うこともあります。この学部でどんな授業をするのか、よそ行きの出前授業を聞いたりオープンキャンパスに来ただけではわからないことが多いはずです。これからの進路も、資格をとる学部に入学した人を除いては、はっきりとは決まっていないはずです。でも、教員資格を取る学部に進学する人も、看護師を目指す人も、ではどんな教師に、看護師になるのかはまだ漠然としていますよね。
　それでいいと私たちは思います。みなさんには、本当に無限の可能性があります。大学生活はあなたが考えてもいなかった広い世界を見せてくれます。新しい環境の中で、もう一度自分自身と自分の進む道を見いだしてください。
　大学は、みなさんが歩んできたいままでの世界とは、たぶん大きく違っていると思います。不安いっぱいで入学した人もいるでしょう。入学したては、周りの人がみんな利口そうに見えたり、何か違っているところに来てしまったと思うこともあるかもしれません。このテキストはそんな新入生が、スムーズに大学生活に入っていけることを第一に考えてつくりました。虚勢を張る必要もありませんが、ビクビクする必要もありません。どうかリラックスして、いろいろなものをまずは受け入れるおおらかな気持ちで大学の世界に入っていってください。
　大学生活は1年、2年、3年と、ものすごいスピードで進んでいきます。みなさんは人生で一番の成長期にいます。入学したてのころはものすごく大変そうに見えたことも、難しくてとてもできそうにないと思えたことも、1年たってみれば楽々とできるようになります。これからもチャレンジする気持ちを持ち続けてください。このテキストで学んだみなさんには、もうその力がついています。

編者を代表して　川野辺裕幸

プレステップ基礎ゼミ ● 索引

あ〜お

- アイコンタクト……………………123
- アカデミックスキル………………97
- アカハラ……………………………59
- 因果関係……………………………110
- 引証…………………………………110
- 引用の原則…………………………130
- ウイルス対策ソフト………………131
- FD 活動……………………………22
- 演繹法………………………………114
- オリジナリティ……………………123

か〜こ

- カウンセリング……………………44
- 学習権宣言…………………………29
- 学生相談……………………………43
- 学歴別賃金…………………………75
- 仮説力………………………………67
- カメラ付き携帯電話………………63
- カルト………………………………48
- 観察力………………………………65
- 帰納法………………………………114
- 逆算思考……………………………89
- 教科書………………………………27
- 教材販売商法………………………52
- 記録係……………………………95, 96
- キーワード…………………………26
- グラフィックソフト………………131
- クリティカル・シンキング………98
- クーリング・オフ…………………53
- グループ学習…………………95, 98, 100
- 経済カルト…………………………48
- KJ 法………………………………43
- 研究知………………………………111
- 研究テーマ…………………………95
- 現場…………………………………62
- 交渉係……………………………95, 96
- 心の健康……………………………44
- こづかい帳…………………………45
- 困った度ランキング………………38
- コンセプトマップ………………43, 70

さ〜そ

- サブゼミ……………………………101
- 参考文献………………………25, 107
- 資格商法……………………………52
- 時間割………………………………12
- 自己紹介…………………………11, 95
- 実証的根拠…………………………109
- 実践知………………………………111
- 社会人基礎力………………………133
- 社会的スキル………………………99
- 借電…………………………………55
- 宗教団体……………………………48
- 就職………………………………81, 85
- 出席…………………………………23
- 出典データ…………………………107
- 準備係……………………………95, 96
- 常識…………………………………110
- 肖像権………………………………56
- 情報収集……………………………103
- 将来の生活設計……………………86
- 職業…………………………………80
- 職業の 3 要素………………………79
- シラバス……………………………16
- 資料収集……………………………102
- 心理カウンセラー…………………44
- 心理カルト…………………………48
- 推測…………………………………114
- 睡眠時間…………………………22, 39
- スタディスキル……………………97
- ストレス……………………………44
- スライド……………………………116
- 生活リズム………………………24, 39
- 性的嫌がらせ………………………57
- セクシャル・ハラスメント………57
- セクハラ…………………………57〜60
- ゼミ…………………………………11
- 専業主婦……………………………79
- 先行研究……………………………123
- 選択科目……………………………12
- 選択必修科目………………………12
- ソーシャルスキル…………………97
- 卒業要件単位………………………16

た〜と

- 大学生の平均生活費………………74
- 大学での学び……………………35, 91
- タイムキーパー……………………124
- 他己紹介……………………………11
- 単位…………………………………14
- 知識…………………………………99
- 朝食…………………………………39
- 著作権………………………………107
- テキスト……………………………25
- デジタル万引き……………………54
- データ管理ソフト…………………131
- データシート………………………104
- データベース………………………106
- デート商法…………………………52
- 盗電…………………………………55

な〜の

- 内的世界……………………………97
- 21 世紀の高等教育…………………36
- 日本国憲法…………………………36
- ネットワークビジネス……………48
- ノートの取り方……………………26

は〜ほ

- パソコンソフトの種類……………131
- 発表の聞き方………………………125
- 発表の仕方………………………17, 121
- パブリシティ権……………………56
- パワハラ……………………………59
- パワーポイント……………………118
- ハンブルグ宣言……………………36
- ビジュアル・プレゼンテーション……116
- 必修科目……………………………12
- 表集計用ソフト……………………131
- ファクト・データベース…………106
- フィールドワーク…………………62
- 復習…………………………………14
- プレゼンテーション…………116, 120
- プレゼンテーションソフト………64
- ブレーンストーミング法…………41
- 文献検索……………………………106
- ベレン・フレームワーク…………36
- ポートフォリオ……………………17
- 本論（レポート）…………………129

ま〜も

- マインドコントロール……………49
- マインドマップ……………………43
- マルチ商法…………………………51
- 未来予想図…………………………85
- メールソフト………………………131
- メンタルヘルス……………………44
- モバイル・リサーチ………………63
- モラハラ……………………………59
- 問題解決……………………………102
- 問題発見・問題解決型学習……35, 95, 97

や〜よ

- 役割分担…………………………95, 96
- ユネスコ高等教育世界宣言………36
- 要約の手順…………………………107
- 予習…………………………………14

ら〜ろ

- ラベル………………………………112
- 履修登録……………………………14
- リーダー…………………………95, 96
- リテラシー…………………………97
- 理論知………………………………111
- レジュメ……………………………101
- レジュメのまとめ方………………113
- レファレンス………………………109
- レファレンス・データベース……106
- レポートの構成……………………129
- レポートのまとめ方………………127
- 論証の方法…………………………114

わ

- ワープロソフト……………………131

●コラム一覧●

大学の先生になるには教員免許状がいらない	20
授業の仕方がばらばらなのは「学習指導要領」がないから？	22
１年生は、出席とノートテークが命！	23
大学の「教科書」ってどんなもの？	25
心も風邪をひきますよ	44
山崎浩子さんと統一教会	49
教員によるハラスメント	59
借金はおそろしい	71
質問がないときはどうするか	72
専業主婦は職業か？	79
グループワークの心得	98
ひととおりできあがったら点検する	112

編者 ● 川廷　宗之（かわてい・もとゆき）3・10〜15章執筆
　　　大妻女子大学　名誉教授、（一社）職業教育研究開発推進機構
　　　理事長
　　　専門分野：社会福祉学、福祉教育学
　　　研究テーマ：社会福祉援助技術、社会福祉教育、
　　　　　　　　社会福祉専門職養成教育、生涯学習

　　　川野辺　裕幸（かわのべ・ひろゆき）2・8章執筆
　　　東海大学　名誉教授
　　　専門分野：経済政策、公共選択論
　　　研究テーマ：制度改革の政治経済学、地方分権

　　　岩井　洋（いわい・ひろし）1・6・7章執筆
　　　帝塚山大学　全学教育開発センター　教授
　　　専門分野：社会学、宗教学
　　　研究テーマ：教育デザイン論、経営人類学、宗教経営学、
　　　　　　　　記憶と想起の社会学

執筆者 ● 押野谷　康雄（おしのや・やすお）4章執筆
　　　東海大学　工学部動力機械工学科　元教授、臨床心理士、
　　　産業カウンセラー
　　　専門分野：機械工学、磁気工学、心理工学
　　　研究テーマ：超高速走行体の磁気浮上制御、心理・生体情報を
　　　　　　　　用いた乗り物の快適性

　　　弓山　達也（ゆみやま・たつや）5章執筆
　　　東京工業大学　リベラルアーツ研究教育院　教授
　　　専門分野：宗教社会学
　　　研究テーマ：現代世界における宗教性・霊性。NPO活動を通
　　　　　　　　じて、研究者・学生・市民・宗教者をつなぐ試み

　　　宮田　安彦（みやた・やすひこ）9章執筆
　　　大妻女子大学　家政学部ライフデザイン学科　教授
　　　専門分野：生活経営学、社会学、生活文化論
　　　研究テーマ：「生活の質」、伝統的生活文化の継承、観光・余
　　　　　　　　暇文化、街の文化

プレステップ基礎ゼミ

2011（平成23）年7月15日　初版1刷発行
2022（令和4）年2月28日　同　2刷発行

編　者　川廷宗之・川野辺裕幸・岩井　洋
発行者　鯉渕　友南
発行所　株式会社　弘文堂　101-0062　東京都千代田区神田駿河台1の7
　　　　　　　　　　　　　　TEL 03(3294)4801　振替 00120-6-53909
　　　　　　　　　　　　　　https://www.koubundou.co.jp
デザイン・イラスト　髙嶋良枝
印　刷　三報社印刷
製　本　三報社印刷

© 2011 Motoyuki Kawatei, Hiroyuki Kawanobe, Hiroshi Iwai. Printed in Japan
JCOPY 〈(社)出版者著作権管理機構 委託出版物〉
本書の無断複写は著作権法上での例外を除き禁じられています。複写される場合は、そのつど事前に、(社)出版者著作権管理機構（電話 03-5244-5088、FAX 03-5244-5089、e-mail：info@jcopy.or.jp）の許諾を得てください。
また本書を代行業者等の第三者に依頼してスキャンやデジタル化することは、たとえ個人や家庭内での利用であっても一切認められておりません。

ISBN978-4-335-00080-5

シリーズ刊行の辞　　学問を志す諸君のために

　学問の修得は、人生最高のよろこびです。人間は学問の修得を通じてはじめて成長するのです。
　大学に入学した諸君の中には、それぞれ所属する学部・学科のカリキュラムをみて、どの科目をどう履修し、学習していったらいいのか、戸惑っている人も少なくないと思われます。どんな学問でも、これを少しでも深く学んでみれば、いずれも奥が深く、次第に引き込まれていくはずです。しかし、それぞれの学問が、どういう課題を究明するものなのか、学問の全体がどのように構成されているのか、初学者にはわかりにくいものです。
　私どもは、それぞれの学問に諸君を導き入れるためのガイド役をつとめようと考え、ここに「プレステップ」シリーズの刊行に踏み切りました。本格的な学習に入っていくための導入教育のテキストが、このシリーズです。
　こういうテキストづくり、私の教員生活40年の夢でした。私の夢がとうとう実現しました。学問をすべての若者に「解放」したい。その強い願いがこのシリーズの作成にはこめられています。
　学問の深く豊かなゴールに向けて、さあ、諸君、一緒にスタートしてみませんか。

　　　　　　　　　　　　　プレステップシリーズ監修者　渡辺利夫（拓殖大学学事顧問）

プレステップシリーズ
各巻定価　1800円＋税

初年次教育・専門課程導入教育のために
セメスター制にぴったりの分量と内容で、
確実に社会人基礎力・学士力を伸ばします。

01●プレステップ	政治学〈第3版〉	甲斐信好　著
02●プレステップ	法　学〈第4版〉	池田真朗　編
03●プレステップ	金融学〈第2版〉	平田　潤　著
04●プレステップ	マーケティング〈新版〉	丸山正博　著
05●プレステップ	経営学〈第2版〉	北中英明　著
06●プレステップ	会計学	中村竜哉　編
07●プレステップ	簿　記	帆足俊彦　著
08●プレステップ	宗教学〈第3版〉	石井研士　著
09●プレステップ	神道学	阪本是丸・石井研士　編
10●プレステップ	基礎ゼミ	川廷宗之・川野辺裕幸・岩井　洋　編
11●プレステップ	キャリアデザイン〈第5版〉	岩井　洋・奥村玲香・元根朋美　著
12●プレステップ	就活学	平田　潤・笹子善平　著
13●プレステップ	理系の基礎英語	岡裏佳幸　著
14●プレステップ	統計学Ⅰ	稲葉由之　著
15●プレステップ	統計学Ⅱ	稲葉由之　著
16●プレステップ	経済学	二本杉剛・中野浩司・大谷咲太　著
17●プレステップ	憲　法〈第3版〉	駒村圭吾　編
18●プレステップ	会社法	柳　明昌　編